【經典】
HUMANITY
【人文】

上窮碧落下凡塵

時間、空間、人間、世間

Nothing to Everything

一位醫者／教育家的天上人間

　　初識的王本榮校長是一位小兒神經科醫師，也是一位教育家——慈濟大學的校長；熟識的王校長是一位妙語如珠的演說家，關懷社會的實踐者。讀了這本《上窮碧落下凡塵》之後，我更認識了王校長的博學，上自對宇宙天文的探索，下至對人間眾生難題的解析，既廣且深。

　　這本書是王校長對自然以及人間各種現象的自問自答，字裡行間呈現了醫師科學家描述現象有憑有據的理性，也流露了知識份子關懷天地萬物溫情暖心的感性。年輕學子讀來可以學習成熟的思路智慧，與我同輩的讀者則能體會此書呈現久違的臺灣先生（醫生／教授）精神。

本書共分四篇，從天地寫到臺灣，從時空寫到人間。

　　天地篇從生命的起源談到獨一無二的地球，由地球科學引出臺灣地質、生態與族群，接著從生物的演化談到地球的暖化，從心與腦談到意識型態與偏見，開宗明義提出了宇宙般寬廣的胸襟與視野才是化解種族仇恨與社會紛爭的關鍵，從歷史的長流看一時一刻也才能了解片斷之爭其實無謂。

　　臺灣篇是王校長對國家社會及土地的關愛，從臺灣的歷史談到臺灣的民主、社會、醫療、教育、媒體以及宗教，摘要了這塊土地上各面向的獨特發展，平衡地分析了各種社會問題的因果，更難能可貴地在每一節的結尾提出切中核心的建言。

　　時空篇將宇宙自然的現象對應哲學宗教理論，是科學與人文別緻的對話。

　　人間篇寫的是生命，談生命的意義、廣度與深度；生命的起點、過程與終點。對生命人人體悟不

同，王校長在行醫生涯中見證了生命的完美與缺憾，加上其悲憫的宗教情懷，筆下對生命的解讀更是通盤而深刻。

聽過王校長演說或者與之聊過天就會知道，他是一位思緒快捷的「聯想者」，此書中也處處可見獨特的「王氏聯想」。獨立於基因體外的葉綠體及粒線體DNA 類比為「一國兩制」，地球的暖化之於人類譬如佛經裡所喻「如住火宅」，科學的「真空」之於佛學的「性空」，以生物發育過程中某些細胞啟動「細胞凋亡」（apoptosis）對比於社會中犧牲小我以成就大我的價值。這些聯想增加了閱讀本書的樂趣，也顯示了作者上知天文，下知地理的通識，基於博學，才能縱貫古今，橫論人間。

此書是一位知識份子從科學的理解出發，對生命的省思，對社會的關懷。相較於當今社群媒體上對許多社會問題激烈極端的批判，讀者可以體會書中是一位醫師學者寬容持平的分析與論述，加以對組織、社

會及國家發展語重心長的建言。從粒子到黑洞，宇宙的真理求之不盡；從病苦到紛爭，人間的困難求解，唯「大愛」而已。

中央研究院院長　廖俊智

上天下地 古往今來
宏觀微視 左思右想

　　這是一本筆者自許「四不一沒有」的書：不自量力，不設立場，不關是非，不住於心，沒有顏色。內容非常複雜多元，動機極度簡單純正，旨在探討臺灣在無邊無際宇宙與地球中的座標，人間在無窮無盡時間與空間中的定位，祈願臺灣會更好，人間會更美。本書歷近一年，利用極其有限的空檔，參考很多資料文章完成的，也許沒有百分之百的精準，但絕對是百分之百的誠意。

　　筆者在二十五歲前，有如「渾渾噩噩」，渾的很到位的「渾球」，也是「混混沌沌」，混的很徹底的「混球」，人生沒有目標，生命沒有方向。外祖母臨終前告訴我的一件事，成了我人生的「轉折點」。篤

信佛教的外祖母堅持我很有「佛緣」，但理由卻非常「荒謬」，立論於我出生時臍帶繞頸，全身發紺，急救十分鐘後才放聲大哭。當時就讀醫學系的我，很清楚外祖母所說的「絆珠」，其實是「週產期腦缺氧缺血病變」。也由於這樣緣由，我決心負笈日本，追隨世界小兒神經學權威福山幸夫教授，開展了醫學生涯。

　　我在臺大醫院服務期間，曾在高雄妙通寺見證了廣欽法師「生死自在」的示現。來到慈濟，更親炙了印順導師與證嚴上人「人間佛法」的實踐，也因緣聚會，先後擔任慈濟大學的醫學系主任、醫學院院長與校長。從前我總覺得外祖母說我有「佛緣」是人云亦云的「無知」，現在則不得不承認她是誤打誤撞的「先知」。

　　弘忍大師傳承衣鉢的禪宗公案，膾炙人口，更引人深思。神秀的偈語：「身是菩提樹，心如明鏡臺，時時勤拂拭，莫使惹塵埃」，說的是「宏觀」的「緣起」與「現象」。慧能的偈語：「菩提本無樹，明鏡

亦非臺，本來無一物，何處惹塵埃」，談的是「微觀」的「性空」與「本質」。若是同時提出，正好相輔相成，應是平分秋色。身為「首座」的神秀不得不「先聲奪人」，但前「偈」而後「工」，身為「末學」的慧能巧妙的建立在神秀「緣起」的基礎，「後來居上」的以「性空」圓滿完成「空有不二」，「性空緣起」的佛法精髓，「以有空義故，一切法得成」。本書斗膽借用慧能大師的四句偈語，作為四個章節的開宗明義與現代演義。

第一輯：天地之造化，菩提本無「樹」。在地球四十億年的生命長河中，人類瞬間就攀上了演化之「樹」的最高峰。而如今身為「萬物之靈」的人類所面臨的挑戰，無疑都是自己所造成的。我們若只在乎「曾經擁有」的叢林法則，就無法開展「天長地久」的永續文明。只有人類深刻的「覺悟」（菩提），進化為更圓滿的生命，才能通過「天擇」的嚴苛考驗，安身立命，永續發展。

第二輯：臺灣之命運，明鏡亦非「臺」。歷史是一面明鏡，可以知興替；自性也是一面明鏡，可以明是非。本輯是從政治、民主、社會、環境、醫療、教育、媒體、宗教的八個面相，溯源臺灣過去的歷史，檢視現代的挑戰。臺灣目前面臨國家認同，社會分歧，經濟衰退，環境破壞等嚴苛挑戰，如果無法從歷史明鏡奮力自強，從自性明鏡深刻自省，就無法建立一個「公」與「義」，「善」與「愛」的臺灣新社會。在臺灣命運的轉折點，每個公民必須一起承擔責任，共同解決問題。

　　第三輯：時空之伊始，本來無一「物」。宇宙創生不但是時空的同時開展，也是「無中生有」，「能量物質化」的過程。本輯是從宏觀的「相對論」與微觀的「量子論」建構的宇宙科學觀點，印證「非空之空為真空」，「非有之有為妙有」，真空妙有的宗教智慧。也讓我們深刻體會「粒米藏日月，毫芒有乾坤，虛空生色相，微塵見法界」的宇宙實相。

第四輯：人間之生滅，何處惹「塵」埃？生命不僅是從出生到往生的過程而已，而是根源於宇宙的歷史，地球的歷史，以包括「鄰虛塵」的基本粒子與「微塵」的原子等「無生」的材料，因緣聚會建構而成。往生之後，身體的結構又會解構回到「無生」的物質還諸天地，無來無去，不生不滅。人生非常艱難，更是極度珍貴，本輯探討由四個字組合成的四個人生命題：「為何生人？」（人生的意義），「何生為人？」（人生的本質），「何為人生？」（人生的現象），「人生為何？」（人生的價值）。

　　天地悠悠，歲月匆匆。不知不覺之間，筆者已進入「老人」行列，也開始操演「孫子」兵法。老子如同孫子，都很推崇「水」。老子的「上善若水」，肯定水的「善利萬物而不爭」；孫子的「兵形象水」，學習水的「形隨境轉而不住」。日本戰國時代的天才軍師黑田官兵衛，早年研讀老子的道，孫子的兵，建立不世功業，晚年卻以「如水圓清」的法名，體悟佛陀

「法譬如水」的智慧，洗滌內心深處的無明與煩惱。佛陀入滅之前曾說：「以自己為島嶼，為舟航、為明燈。」肯定自皈依的力量。我們每一個人也要善自珍攝「難得的人身」，保護「唯一的地球」，而為延續人類後起之生命，更要「敬大愛地緊福緣」。

中研院廖俊智院長是世界頂尖的科學家，也是美國國家工程學院、美國國家科學院及美國發明家學院的三料（廖）院士，研究領域橫跨工程、生物、化學與醫學。拙作能蒙廖院長在百忙之中，惠賜推薦文，至感榮幸，也在此表達無盡感恩。

Runway：時間、空間、人間、世間

　　二〇一七年八月，「上窮碧落下凡塵」初版問世。書名是受到文藝復興時期，德國天文學家兼光學家克卜勒（Kepler）之墓誌銘：「我曾觀測天之高，如今我測量地之影」的啟示。從「時間」、「空間」的「上窮碧落」到「人間」、「世間」的「下凡塵」。

　　出版之後，很感恩有許多迴響及回饋。在日本執業，篤信「基督教」的同學捎來兩句祝福：「本是一場夢，榮光歸於神。」我回謝時，也寄上兩句很「佛教」、很「谷崎潤一郎」的話：「本是一場空，榮光歸於無。」

　　相對於人類心理現象的複雜難解，宇宙物理定律的普適性反而簡單易懂。相信宇宙是有理性且隱含內

在秩序本是科學探索的前提，這種信念本身就具備了宗教的本質。在「增修版」的第三輯「時空篇」，將加強科學與宗教對於「空」、「有」的論述和連結，也使四輯的篇幅能等量齊觀。

慈濟大學傳播學系二〇一八年畢業成果展主題是「Runway」，指的是「伸展臺」，卻使我感觸良深。電影《一八九五年》描述臺灣因「馬關條約」被清廷割讓於日本，各地人民為抵抗日本接收統治發起的「乙未戰爭」。這一場壯烈的戰役是臺灣史上戰鬥地域最廣，規模最大，時間最長，死傷最為慘重的浩劫。在當年出生的祖父就被命名為「王亂」，祖母就被命名「張畏」，反映時局之「亂」，庶民之「畏」。後來我幫祖父母辦護照，填上的英文名是「Wang Run」，「Chang Way」。在亂世中的「Runway」意指的可能不「跑路」，隨時就會「上路」。

筆者在國內外三所大學醫院行醫已屆四十年，看盡了人間疾苦，生老病死。成了慈濟人也已三十年，

隨著慈濟團隊親歷了華東水災、臺灣九二一大地震、南亞大海嘯、四川大地震、臺灣八八風災、日本東北大地震、菲律賓海燕颱風等大型災難，也參與每年的冬令發放，跑遍了大陸大江南北，深深體會的是世間無常，國土危脆。岳飛的《滿江紅》：「三十功名塵與土，八千里路雲和月，莫等閒，白了少年頭，空悲切！」也正是我慈濟三十年的身心歷程。只是這個「空」是體認了性空的智慧，這個「悲」是學習了慈悲的大愛。慈濟的「Runway」，就是期許我們在人間的「跑道」上要勤「行道」。

我們如果深入解析種族、民族、宗教、文化、經濟和國家的衝突，就會發現天災、人禍全都是人類的「自我」在作祟。每一個人都想改變世界，但沒有人願意改變自己。

人類的基因潛藏有善根與惡根，人與人之間有善緣與惡緣。善惡的拔河誰會獲勝？證嚴法師給的答案是：「人多的一邊會獲勝。」人心先能淨化，社會

才能祥和，世間才能減少災難。在本書的「增修版」中，一些章節也會從「臺灣」的觀點提升為「人類」的視野，期待人間會更美，世間會更好。

謹以此書，感恩及紀念家父王景輝醫師（1919—1984）的百歲冥誕。

目次

推薦序　一位醫者／教育家的天上人間　廖俊智　002

自　序　上天下地 古往今來
　　　　宏觀微視 左思右想　006

增修序　Runway：時間、空間、人間、世間　012

第一輯　**天地篇**
　　　　上下求索──菩提本無「樹」

生命源頭　太陽光大 恩也大　022

宇宙極品　地球是個變化球　028

浮出「臺」面　福爾摩沙的島嶼天光　034

生命之樹　樹欲靜而風不止　040

異軍突起　人類的演化與創化　047

集體自殺　如住火宅 如履薄冰　057

烽火連天　血淚祭典 文明魔咒　065

意識型態　思想慣性 歷史情結　073

第二輯　**臺灣篇**
左右開弓──明鏡小非「臺」

臺灣政治的前生與今世　　　　　　082

臺灣民主的剛強與脆弱　　　　　　089

臺灣社會的正義與爭議　　　　　　099

臺灣環境的永續與崩壞　　　　　　109

臺灣醫療的美麗與哀愁　　　　　　118

臺灣教育的生態與心態　　　　　　128

臺灣媒體的任脈與督脈　　　　　　138

臺灣宗教的出世與入世　　　　　　148

第三輯　　**時空篇**
　　　　　空有不二──本來無一「物」

時空雙宿雙飛 雙生雙滅　　　　　　　　158

宇宙無始無終 無窮無盡？　　　　　　　167

無也未曾無　非空之空為真空　　　　　174

有也未曾有　非有之有為妙有　　　　　180

以小博大　見微知著的量子世界　　　　185

洪荒之力　自然界 F4 的合擊分進　　　191

瞻之在前 忽焉在後　神出鬼沒的基本粒子　197

科學「命」題　是命由天定 還是人定勝天？204

第四輯　**人間篇**
生死自在──何處惹「塵」埃

生命的定義與意義　　　　　　212

生命的有限與無限　　　　　　219

生命的一元與二元　　　　　　226

生命的理性與感性　　　　　　237

生命的絕對與相對　　　　　　245

生命的出路與癡路　　　　　　255

生命的老化與進化　　　　　　264

生命的起點與終點　　　　　　272

第一輯

天地篇

上下求索──菩提本無「樹」

生命源頭　太陽光大　恩也大

　　現代科學已經解明，我們宇宙是由時間、空間、物質和能量所建構而成的綜合體，是遵循客觀定律運作的物質世界。宇宙中至少有一千億個星系（galaxy），銀河系（Milky way）是我們所在的太陽系所處的星系，約由二千多億個恆星，數千個星團和星雲所組成的盤狀恆星系統所組成，直徑約十萬光年，中心厚度約六千光年，總品質是太陽質量的一千四百億倍。光年並非時間的單位，而是距離的單位；光速是宇宙之極速，每秒行進三十萬公里，光在一年所能到達的距離稱為一光年，約為九兆四千六百億公里。

　　約在五十億年前，銀河系的某處發生爆炸，所產生的飄散氣體與塵埃出現在宇宙空間。而這樣的物質會

集結成較濃密及較稀薄的部分，濃密的部分一邊收縮，一邊席捲周遭氣體，密度增加而形成巨人星雲。而中心部分變得高溫且高壓，並開始釋放光芒；也就是說原始太陽開始發生核融合反應，朝四面八方釋出龐大能量。接著在太陽周圍，從星雲中誕生出行星，形成直徑約四十五億公里的太陽系，太陽位於太陽系的中心，直徑大約一百四十萬公里，相當於地球直徑的一〇九倍，質量占太陽系總質量的99.87%。地球是太陽系行星之一，距離太陽約一億五千萬公里。從太陽發出的光以每秒三十萬公里光速行進，大約八分鐘後會到達地球。太陽系的行星由近而遠依序是水星、金星、地球、火星、木星、土星、天王星、海王星，形成八「星」拱「日」。

一九三八年，德國物理學家貝特（Bethe）證實氫原子核的「核融合」可以完美詮釋太陽發光發熱的奧祕。組成太陽最主要的元素是氫和氦，質量分別占74.9%及23.8%。在超高溫及超高壓的太陽中心部分，四個氫原子核能透過「量子效應」而融合成一個氦原

子核，而散失約0.7％的質量。就如同「核分裂」一樣，「核融合」也會散失少量的質量，透過E=mc^{2}轉換成巨大能源。而這些能量通過輻射層和對流層傳出去，抵達光球層，然後輻射開來。而太陽每秒消耗約四十二億公斤的質量所產生源源不絕的光熱和能量，溫潤恩澤了地球所有的生物。「太陽光大，父母恩大」，就如同父母是我們的生命源頭，太陽是所有地球生命的總源頭。

「天行健」，宇宙中所有的星球、星系不論尺寸大小，皆是運行不綴，靜止不動只是假相。地球以時速一千七百公里的速度自轉，同時以時速十萬七千公里的速度繞著太陽公轉。人類以地球繞著太陽公轉一周定義了「年」，而以地球沿著自軸自轉一周定義了「日」，形成了「循環時間」。也就是說人類的生理作息與時間概念是由晝夜交替和季節循環的宇宙節律來決定的。而太陽射出的光是由7％的紫外線，47％的可見光與46％的紅外線所組成。抵達地球的光約65％

化成熱能，成為地球所有能量的形式。而此能量透過大氣、海洋、陸地轉換，吸收化成各式各樣能源。陸地中的生物，植物可藉由光合作用（photosynthesis）的生質能貯存能量。海洋則吸收太陽能來驅動海水循環，將能量用於海洋生態之中。

假如說太陽提供了生命形成及生存機會，「光合作用」便是地球所有生命形成與生成的關鍵程序。在地球生命發展的某一時期，綠色植物便演化出一種吸收碳的特別機制，也就是利用陽光提供的能量，將大氣中的二氧化碳轉化為有機碳，成為自己身體的一部分。在這個程序中，植物細胞內富含許多葉綠素（chlorophyll）的葉綠體（chloroplast），在陽光的作用下，將經由氣孔進入葉內的二氧化碳和由根部吸收的水，轉變為醣類的基本單位「葡萄糖」，同時釋放氧氣，開啟了「生命之窗」。

植物有了成長的條件，便演化出以植物為食物的動物和以動物為食物的動物；再搭配上土壤各種微生

物所扮演「分解者」的角色，將死亡的動植物分解，讓碳重回自然界的大氣中，構成了完整的「生態系統」（ecosystem）。

以能量的觀點，綠色植物透過光合作用，將太陽能轉化為植物體內的化學能，並在後續的食物鏈中，再度轉化為動物的化學能。人類的生命繫在呼吸之間，而利用氧氣從各種營養成分有效獲得能量的機制，稱為「呼吸代謝」。「外呼吸」是生物體與外界氣體交換，透過呼吸排出二氧化碳並從大氣獲得氧氣。而「內呼吸」是體內從攝取的碳水化合物、蛋白質、脂肪等營養物質，經過數十種化學反應與「電子傳遞鏈」，與「外呼吸」獲得的氧氣進行「氧化磷酸化」，最後被分解為二氧化碳與水，製造出利用於生命活動的能量代幣ATP（adenosine triphosphate，三磷酸脂）。無論是肌肉收縮的機械性運動及工作，小分子合成大分子的合成代謝，以及細胞膜內的主動運輸，都需要ATP。而位於細胞質的粒線體（mitochondria）是

我們身體產生ATP的地方，可以說是生命的發電廠。

　　建構生命體的分子中，有些擁有極具秩序的構造。最典型的例子是能建構根身蛋白質及帶有生命遺傳資訊的去氧核醣核酸（DNA）。合成DNA必須正確的將更簡單構造的材料分子，如氮、二氧化碳、糖類、磷酸、鹼基等組編才有可能。而這個過程違反了「熱力學第二定律」，時間之箭是由低熵（亂度）指向高熵，由秩序走向失序。但只有在不受外界影響的封閉孤立系統，熵增定律才能成立。像地球這種可以從太陽獲得大量能量的系統，在某些範圍中，熵是可以減少的。灑落在地球的太陽光，每一秒平均每一平方公尺約有1.37千瓦（Kw），包括無盡量約10^{21}個光子（photon）與六百兆個微中子（neutrino）。沒有陽光，地球便沒有能量，更無法演化出內部高度秩序的生命。我們不由得要歌頌「太陽大大」，光大恩也大。

宇宙極品　地球是個變化球

　　在無邊無際的宇宙中之無數無量的星球中，有一顆披著藍色的紗籠，孕育著無數的生靈，環繞著太陽不斷轉動的星球。而這顆如今充滿生命活力，也是我們唯一賴以生存的「地球」，是經過四十六億年長年累月所塑造而成。它也是太陽系中唯一營造出的生態系統，使無數的生物得以棲息演化，生存繁衍的行星。

　　在地球誕生後的數千萬年間，先形成原始大氣。此時地球之地表溫度極高，水蒸氣雖會在高度較高的大氣圈形成雨水，但降至地表前便會蒸發無蹤。此時地表並無液態水存在，雨水是在大氣高層次循環。而大質量的鐵往中心沉降形成「地核」，再堆積成「地函」。隨著地球逐漸冷卻，表面凝固成岩石的「地

殼」，此時從外觀之，是名符其實的「地球」。

　　隨著地表的冷卻，大氣中的水變成雨，降落在地表的凹陷處，積存大量水分而形成海洋。大約在二十七億年前，整個地球幾乎為海洋覆沒，陸地極度稀少，外觀宛如一顆「水球」。而在此時期後，由於地球表層發生板塊構造運動（plate tectonics），板塊推移造成巨大的大陸逐漸隆起。板塊包括地殼和上部地函的最上部，厚度約一百公里的板狀圓層，每年會以一至十公分速率移動，而大陸也會隨之位移。與整個地球比較，板塊只不過是非常薄的一層。全球最高的聖母峰，八八四八公尺；與全球最深的馬里亞納海溝（Mariana Trench），一〇九一一公尺；也都只不過是板塊的小凹凸而已。我們生命活動範圍侷限於地球的「薄皮」。而地球的內部作用維持著「薄皮」利於生存的環境，實是不可思議的奇蹟。

　　根據地質學家的研究，在十九億年前，地球只有一塊一體成形的超級大陸，經過不斷的分合離散，形

成現在的六個大陸及四片海洋，而這種狀態也不是固
定不動的。板塊不斷的碰撞或潛入底部，在板塊之間
的交界邊緣，地震與火山活動會更加活躍。永不停歇
的板塊運動是地球的宿命，近年來接踵而至的大型地
震，讓我們見識到「移山倒海」的威力，甚至改變了
地球的自轉，縮短了地球的日長。地球有兩次全球被
冰封凍結為「雪球」，一次在二十三億年前，一次約
在七億年前。

　　能孕育出高等生命的星球，有極其嚴苛的條件。
生物學家認為萬物並育，生機盎然，已確定是太陽
系，甚至可能是銀河系內最得天獨厚，因緣殊勝的地
球，是人類唯一能生存的空間。法蘭科斯（Franks）
曾說：「沒有水，一切只是化學現象；有了水，才會
有生物現象。」地球由於在表層有長達數十億年的液
態水存在，才能發展出高等生命。宇宙間也許只有地
球才能同時擁有水的三種樣態，包括冰、液態水、還
有水蒸氣，可以說是造化的奇蹟。

而地球的氣溫取決於其與太陽間的距離。地球能
維持適合生物生存的平均氣溫攝氏十五度，主因是無
比精準的位於比地球軌道小百分之一，伸展到比地球
軌道大百分之五的太陽周邊，稱為「連續可居住區」
（continuous habitable zone）的狹窄帶狀區。假如地球
往外靠一點，則為凍結，而往內靠一點將如同金星一
樣成為火熱的煉獄。地球處在太陽系的絕佳位置，不
但得以保持液態水及大氣，亦能維持生態環境的微妙
平衡，保持二氧化碳與氧氣的一定比例。

　　恆星、行星、衛星的尺寸大小都必須恰到好處才
能「三星報喜」。比太陽小的恆星就無法發展出「連
續可居住區」，比太陽大的恆星，則行星無法存活至
能發展生命。而行星本身的大小亦攸關重大，比地球
大的行星會存在太多的火山，比地球小的行星就會流
失其大氣層而變成如火星般的冰冷。更同時必須擁有
一顆如月球足夠分量並距離適中的衛星，行星之自轉
軸才不致激烈變化方向而毀滅一切生物；依此才能引

起潮汐，使海洋中較原始的生命能走向陸地。

地球的半徑約六千四百公里，擁有厚度約五百公里的大氣，70%的表面是平均水深四公里的海洋。固體的表面為原始的地殼所覆蓋。地殼底下是與地殼不同岩石的地函，深度約二千九百公里。地函底下，地核的外核是液態金屬，主要的成分是鐵，從深度二千九百公里至五千一百公里，外核的對流運動，是地球產生磁場的原因。地核的內核是固態金屬，主要成分亦為鐵，從深度五千一百公里至地球中心。曾經整個地核都是液體狀態，隨著地核逐漸冷卻，形成固體部份。由於地球仍在逐漸冷卻，內核會慢慢擴大，地球可以說是「吃了秤砣鐵了心」。

而地球因擁有鐵核，本身還不停自轉才能產生磁場來遮擋輻射線及從太陽射出的宇宙射線，並方能維持住大氣。更有甚者，地球還有兩大護法，包括質量是地球三百十八倍的木星及九十五倍的土星，巧妙的形成天然屏障，不但使地球減少受到彗星撞擊的機

率，也護衛地球有數十億年的時間來孕育萬物生命，演化高等心靈。如果說地球不是宇宙的極品，什麼才是宇宙的極品呢？而人類是地球經四十六億年演化出的極品，我們可以說是如假包換，貨真價實極品中的極品了。

浮出「臺」面 福爾摩沙的島嶼天光

　　約在七千萬年前，古太平洋板塊與歐亞大陸板塊互相擠壓，造成地殼變動，觸發「南澳造山運動」，使得沉積在大陸板塊邊緣地層抬升，形成古臺灣雛形。其後地殼變動歇止，板塊舒張，古臺灣逐漸隱沉。而約在六百萬年前，地殼變動時代，屬於最大海洋板塊太平洋板塊之菲律賓板塊不斷向最大的大陸板塊歐亞板塊擠壓，再次造成地層抬升，經過一場驚天動地的陣痛催生之「蓬萊造山運動」，兩大板塊拱出的臺灣終於如出水芙蓉般，浮上「臺」面，橫空出世了。

　　從地質年代來看，地球誕生已有四十六億年歷史，臺灣算是一個極度「幼齒」的新生島嶼。由於板塊擠壓的造山運動一直持續進行，所以地震頻繁。

臺灣堪稱是全球高山密度最大的「高山島嶼」，島上高山聳立，超過三千公尺的高山超過百座，其中高度三千九百五十二公尺的玉山睥睨東亞。而由於板塊擠壓，高山仍在長高之中。臺灣的五大山脈，其中中央、玉山、雪山、阿里山都屬於歐亞大陸板塊，只有花東的海岸山脈屬於菲律賓板塊。而介於中央山脈與海岸山脈之間的花東縱谷是兩大板塊的縫合帶，由於受到擠壓，面積逐漸在縮小之中。

臺灣面積僅三萬六千平方公里，其形狀是在誕生後上萬年才逐漸固定下來，有如一片風中之飄葉，一個土中之蕃薯，也如一隻海中之巨鯨。雖然不大，卻產生各式各樣的地質和地形。不但擁有地球上依生成原因分成的三大類岩石，包括火石岩，沉積岩與變質岩；也含融各種複雜的地形，包括高山、丘陵、臺地、平原、盆地、河谷、海岸、斷層及離島等。無怪乎地質學家無不驚歎，臺灣是天然的地質教室。而土壤學家也發現臺灣的土壤極端豐富，除了在北極圈才

有的永凍土外，地球上的各種土壤種類，臺灣是一應
俱全。

　　氣象學家也觀測到臺灣擁有地球上的各種氣候，
北緯二十三點五度的北回歸線經過臺灣的嘉義與花
蓮，此線以南屬於熱帶，以北則是亞熱帶。而島上高
山隨著海拔升高，又形成溫帶與寒帶。臺灣還有季風
及洋流，以及夏、秋形成之颱風，帶來很多海洋生態
資源。夏天吹著西南季風，帶著來自南海西南季風吹
送流，沿著臺灣海峽北上。冬天吹著東北季風，帶著
北方的大陸沿岸流，也就是「親潮」，沿著臺灣海峽
南下。而整年都穩定流動，高溫高鹽的北赤道洋流，
也即是「黑潮」，因地球自轉，從東太平洋往西而
來，繞過菲律賓後北上，主流通過臺灣東海岸流向日
本，支流則進入臺灣海峽。

　　地球曾發生多次「冰河期」，而最近一次推估在
一萬八千年前至一萬年前。每當冰河期，由於地面之
水結冰，無法流注入海，造成海平面下降。臺灣海峽

之寬度僅在一百六十公里至二百公里之間，而深度從不到一百公尺至二百公尺之間。每逢冰河期，海面下降可達一百五十公尺，臺灣海峽的海底大都露出水面，形成臺灣通往歐亞大陸的「陸橋」。臺灣因擁有熱帶、亞熱帶、溫帶及寒帶垂直分布的多樣性生物棲居帶，在冰河期因此聚集了大陸性與島嶼特有種的生物，兼容並居。冰河期結束後，陸地解凍之水流向海中，海平面復升，一度消失的臺灣海峽重出江湖，分隔臺灣與歐亞大陸。臺灣與大陸因天候因素，分久必合，合久必分。

臺灣位於歐亞板塊的東緣，在地理位置上屬於亞洲的邊陲地帶，是在一條被稱為「環太平洋火山帶」的火山島鏈之一。從人類的歷史觀之，從來不是東方悠久文明的主流。相較於四十六億年的地球歷史長河，六百萬年前才形成的新生地形，也是屬於地質學上的新生嬰兒。而臺灣高山聳立，四面環海，有從熱帶至寒帶的各種氣候。雖然是海上的孤島，但偶而卻

與大陸短暫相連，會合了海洋及大陸的生態資源。臺灣的生物多樣性因此能笑傲江湖，獨步全球。臺灣的陸地面積僅占全球的萬分之二點五，而已經鑑定出五萬多種物種占全球的百分之二點五，是所有國家平均的百倍。而臺灣海域之海洋生物的物種約占全球的百分之十，是所有國家平均值的四百倍。「灣生」品類之繁雜，可真是漪歟盛哉！

　　就人類族群的發展而言，臺灣的地理位置也是交通要衝。臺灣位於地球最大陸地與最大海洋的交會處。從大陸觀之，臺灣是一個毗鄰的海上仙山。從海洋觀點，在西太平洋的第一島鏈中，臺灣位於東海及南海之間，分隔東北亞及東南亞，成為全球島嶼世界的一個中心。由於千百年來歷史的更迭，南島民族的原住民、漢人、葡萄牙人、西班牙人、荷蘭人、日本人、東南亞新住民之不同文化不斷衝擊這個蕞爾小島。臺灣這個年輕島嶼上的天光，不但演化聚集了無數的物種，也照亮了這個人類族群活躍的舞臺，成為

全世界一個兼具「生物多樣性」與「文化多樣性」的地標。葡萄牙人曾以「福爾摩沙」歌頌臺灣是「美麗之島」，而清廷則視之為無法教化的「瘴癘之島」。現代有人珍視臺灣為「寶島」，亦有人鄙視為「鬼島」，也許天堂與地獄不僅在一線之間，也在一念之間。

生命之樹　樹欲靜而風不止

　　生命的起源，早期的「神創說」已乏人相信；
「宇宙外來說」也缺乏可信的證據。而主張生命起源
於原始地球環境下，從無機到有機，從簡單到複雜，
這種由化學生命轉化成生物生命的「化學進化說」，
在開始也受到強烈的質疑。直至一九五三年，化學家
米勒（Miller）在實驗室中，以模擬原始地球的大氣成
分，包括氫、甲烷、氨與水，通過加熱及火花放電模
仿紫外線及雷電的作用，製造出胺基酸、核酸先驅的
有機物，才得到廣泛的認同。

　　近代演化學家結合了以傳統解剖學特徵與化石比
較為依據的「系統樹」，與以現代遺傳基因分析技術
所描繪出的「分子系統樹」，把演化生物學建構成可

測試的完備科學。基因科學不但支持達爾文（Darwin）的「演化論」，也可推斷出現存生物之類緣關係，推演物種分化與形成的多樣途徑，並可佐證宏觀層級的演化表觀關係。「演化論」的軸心論點是一切生物藉由「物競天擇」與「自然淘汰」之法則，由無機物逐漸演變為有機物，再演變為單細胞生物，並逐漸形成多細胞生物或個體。在漫長的生命演化長河裡，由於環境、天候以及細胞本身之因素，使細胞在「用進廢退」的情況下，造就了地球如此多樣性的生物環境與物種品類。

演化就如同一棵枝葉繁茂的「生命之樹」，新的物種猶如新的枝葉不斷從舊的枝椏分支出來。雖然大部分的樹枝已隨風散落，但凡走過必留下痕跡，其實都已對後起之生命及形成現代地球的生命型態做出貢獻。近代的生物學家經大量研究所描繪新的生命樹，開展出原核生物（prokaryocyte），古菌（archae）與真核生物（eukaryocytes）三大枝幹。核酸與蛋白質等

生物分子是生命的物質基礎，也是生命起源的關鍵分子。原始地球雷雨不斷，火山爆發頻繁，沒有氧氣，而強烈的紫外線無情的灑落。雖然機轉仍然不明，散落的遺傳資訊分子慢慢的被脂肪形成的薄膜包住，集中保護形成細胞。而細胞藉由自我分裂，將遺傳資訊代代相傳。經過漫長的時間，大部分的遺傳資訊由RNA轉變為DNA。相較於RNA，DNA是一種結構比較穩定的高分子，其雙螺旋結構無論是在複製，及保存遺傳資訊上皆非常有利。

最早細胞出現後的一億年，環境中出現少許氧氣及二氧化碳，能提供營養物質的製造，原核生物如高溫菌，藍綠菌於焉誕生。隨著光合作用細菌逐漸增加，並更有效率運作，大氣中開始有了氧氣，製造葡萄糖的細菌也由厭氧反應演化成好氧反應，而能產生較大能量。這種具呼吸作用的細胞開始出現在二十七億年前，此時大氣含氧水平大約只有0.1%了，到了二十億年前增至3%，而直至五億年前才到達當今的20%

水平。古菌介於原核生物和真核生物之間，雖然如同細菌具有原始的代謝途徑，但在合成核酸與蛋白質方面，則與真核生物較為接近。古菌能在不同環境下存活，時至今日仍占有地球總生物量的20%左右。

　　約在二十億年前，生命從原核生物演化成在細胞核內裝置有遺傳訊息的真核生物，包括單細胞原生動物、真菌、藻類、植物與動物等。其細胞具有相同的特性，將大部分DNA包容在細胞核內。而細胞質內具有由類似細胞膜結構薄膜所圍成的胞器（organells），包括粒腺體、核醣體、內質網、高爾基體、溶酶體，職司不同功能，使細胞本身具有生命。生物學家馬古利斯（Margulis）認為有一些原核細菌自行嵌入真核細胞的細胞質，成為胞器，例如植物的葉綠體，動物的粒腺體。細胞獲得能量的供應，原核細菌則獲得宿主的保護，能保有自己的遺傳物質並能進行獨立的分裂增殖。這是演化史詩中「互惠雙贏」、「一國兩制」、「和解共生」（synbiosis）的最佳典範。誰說外來移民

不能有所貢獻？又何苦要築起高牆呢？

　　而多細胞生物最早約於十二億年前崛起，而當時地球仍只有一片稱為羅迪尼亞（Rodinia）的大陸。剛開始可能是採取共生形式的策略，眾多單細胞之間形成鬆散組合，後來才變得愈來愈複雜。而部分真核細胞發明了「性」，即一顆卵（細胞）在分裂前先行受精的過程。約在五點五億年前，演化出現猛爆性的進行，具有堅硬身體的動物在化石中的紀錄突然出現，展開延續一千萬年的「寒武紀物種大爆發」（Cambrian explosion），生物的型態突然變得複雜又多樣。多細胞生物體成為一個組織嚴密，分工精細，而相互合縱連橫，互動制衡的「細胞大社會」。

　　地球上數量最多的病毒（virus）其實是最難界定的物種，界於生物與無生物之間，姿身未明。病毒是由會遺傳的核酸，包括DNA與RNA，披上蛋白質外殼的高分子聚合物。核酸與蛋白質的成分確是生物的特色，但病毒必須藉由宿主細胞才能增殖，又沒有像細

胞的物質交換現象，很難稱為典型生物。但病毒一旦侵入宿主體內，會利用細胞的代謝機器進行大量的複製，可以導致嚴重的疾病。病毒演化極度快速，治療非常棘手，而高致死率的病毒接二連三的突變竄出，是人類最具威脅的隱形殺手。

　　王羲之飄逸超俗的行書《蘭亭集序》有一段點出了自然與生命的無窮奧祕：「是日也，天朗氣清，惠風和暢，仰觀宇宙之大，俯察品類之盛。」生命是最奇妙的自然現象，在太陽無私淑的普照，大地無怨悔的承載，河海無差別的孕育之下，生生不息，新新生滅。美麗的地球展演無盡的精彩，是所有生物的共同原鄉。自然界的生物，包括動物、植物、微生物都源於共同的祖先。現存於地球生物種類推估超過一千萬種，每年仍有平均四十種新的生物品類被發現。而曾經於地球存在過的生物種類更是不計其數，推估有數億至百億左右，也就是說曾存在於地球的生物超過99%都已經滅絕了。波瀾壯闊的生命史詩，其實是一

部前仆後繼，繼往開來的死亡史與滅絕史。物種一夕之間全數滅絕，從原先依賴的特定優勢，在大變動後急轉直下成為致命弱點的先例史不絕書。曾經雄踞地球一億多年之久的恐龍於六千五百萬年前突然灰飛煙滅。人類何其幸運，攀上了基因演化的最頂端。是當今獨領風騷，獨占鰲頭的地球盟主，但看到前盟主恐龍的「生命啟示錄」，我們能不戒慎恐懼嗎？

異軍突起 人類的演化與創化
· · · ·

　　由於眾多不可思議的因緣會合，地球才能演化孕
育出高級生靈與高等生命。在地球四十億年的生命歷
史中，人類於數百萬年前突然快速崛起，異軍突起，
瞬間就攀上了基因演化的最高峰，主宰了整個地球，
更開始探索生命的奧祕與宇宙的廣瀚。追根溯源，人
類的內骨骼是四億多年前，魚類打下的基礎；四肢是
三億年前，兩棲動物時期演化的產物；毛髮、哺乳及
維持恆溫的能力是一至二億年前，哺乳動物時期的遺
產；指甲則是數千萬年前靈長類祖先的贈禮。而能進
行有氧呼吸的新陳代謝，以及 DNA 的初構更能遠溯至
二十七億年前，原核動物的細菌時期，細菌也是人類
的遠房親戚。

由人骨的化石推斷，最早的人類約於五百萬年前，在非洲的衣索比亞及坦尚尼亞出現，稱為「南猿」（Australopithecus），腦重與黑猩猩相差無幾，約只有四百公克，但不僅已具有脊椎，骨盆與下肢型態，亦可獨立步行。在其後的二百五十萬年間，南猿的脈絡演化出四種不同屬類。而最早被鑑定的「能人」（Homo habilis）約出現於一百六十萬至二百三十萬年前之間，腦重約有五百公克，牙齒及小顎骨極小，過的採集生活，也可製造簡單的木器，石器與骨器。「直立人」（Homo erectus）約出現於一百七十萬年前，並綿延至二十五萬年前，已知用火來取暖與熟食，並能製造更精巧之食器；其中「北京原人」與「爪哇原人」之腦重已達九百公克。從直立人的化石可推斷，其於一百萬年前已向歐亞大陸的熱帶與亞熱帶擴散，而於五十萬年前到達溫帶地區。其中一群受到冰河阻隔，局限於西歐及南歐，演化出對應寒冷天氣特有體型之「尼安德塔人」（Neanderthals），已有狩獵活動，

並能使用多種原始食器，但尚無藝術創作。

　　根據化石與DNA研究綜合判斷，現代科學家咸言，今日地球上所有人類都是大約二十萬年前，起源於東非，演化成具現代人結構人種的「智人」（Homo sapiens）。而在五萬年前，智人已能使用多樣工作組能力，發展出較精緻文化，形成自覺意識與語言能力。智人遷徙歐洲不久之後，大約三萬二千年前，尼安德塔人悉被消滅。比較基因體學（comparative genomics）發現現代人類與五百萬年前從演化道路分道揚鑣的黑猩猩基因序列差異僅1.23%，也就是僅有三萬七千個鹼基對的不同，卻「差之毫釐，謬以千里」的使人類能直立行走，腦重大於黑猩猩的三倍，能勇敢的走出非洲，跨越海洋、山脈、沙漠及地史上海陸之變遷。除了因適應不同天候、地理及生物環境，演化出皮膚顏色與五官面貌，體型的型態差異外，並沒有多樣性的分歧，維持一種生物學上的物種，也完成生物史上前所未來的壯舉。

腦最古老的部分稱為「腦幹」（brainstem），是五億年前演化出來的，與現代爬蟲類之腦類似，又稱為「爬蟲類腦」（Rapitlian brain），負責攸關生命的基本功能，包括呼吸、心跳、血壓、睡眠及反射，同時也是訊息經由脊髓傳入大腦之門戶，其運作是無意識，機械性的過程。小腦（cerebellum）位於腦幹的正後方，負責身體運動，肌肉協調及動作之記憶。而在腦幹及小腦上的模組組合又稱為「哺乳類腦」的「邊緣系統」（limbic system），包括海馬體、杏仁核所組成的記憶系統；負責訊息上下傳播的視丘；調控體溫、飢渴、性功能及內分泌功能的下視丘；主要內分泌腺體的腦下垂體。邊緣系統不但是思想與情緒，也是心智與身體交會的地方。

　　而人類之所以會成為「萬物之靈」，是因為擁有超本能性功能，高級精神功能格外發達的大腦（cerebrum），是演化賜予人類最偉大的資產。在哺乳類演化之初，約一億三千萬年前，感覺模組觸發一層

極薄的細胞基質，後來發展出外表灰色，富含許多腦細胞的腦皮質。在從原始靈長類演化到智人的過程中，大腦突然變得極為巨大。人類擁有舉世無匹與體重不相稱的「巨大大腦」，不但腦皮質厚度增加，皮質表面出現密度極高的折皺，包括腦溝（sulci）及腦迴（gyri），使皮質的表面積大幅擴延，是大腦功能發達的主因。近代研究者發現腦部變大的相關基因「MCH1」以及造成顎部咀嚼肌（masticatory muscle）變小，使解放開來的頭蓋骨有大型化餘地的基因「MYH16」都可能扮演重要角色。大腦皮質是現代人大腦最大的部位，約占全腦重的76%。

　　除了擁有名符其實的「大」腦外，人類的腦之精細結構比宇宙還複雜，其成長之軌跡亦是一個驚奇之旅。新生兒在母胎十月後誕生，腦重僅有四百公克。而使神經傳導速度跳躍式加快的神經軸突（axon）「髓鞘化」（myelination）是從脊髓由下而上。出生時髓鞘化僅達腦幹部，因此新生兒僅具基本生存能力。一

歲時腦重迅速達到三倍的一千二百公克，然後緩慢增加至成人的一千四百公克。可以說70%的腦部是離開母親子宮後，因應環境變化並透過經驗和學習發展而成。出生時，腦部已具足一千億個神經元（neuron），並有十至二十倍支持細胞的神經膠細胞（glia），而神經元間已有五十兆個突觸（synapse）的連結網路。一個神經元平均能開展出一千個突觸聯結，更能接受上萬個突觸傳來的訊息。早期的感官刺激與生活經驗不只是創造一個學習與發展的環境，更直接增強大腦的連線，三歲時突觸可達一千兆個的最高峰。

三至十歲是兒童知性、生理、情緒、社會化發展最快速的時期，腦部的活動是成年人的二倍。這段時期，突觸用進廢退，不用者遭到刪除，反覆使用者成為永久聯結。而維持注意力集中的網狀結構到青春期才完成「髓鞘化」。而「前額葉皮質區」（prefrontal cortex）是人腦最進化的區塊，與計畫、判斷、先見、組織、工作記憶、情緒管控、邏輯思辨有關，使人類

獨具訂定戰略、克服困難、解決問題及研發創新之能力。相對於貓的3%，狗的7%，猴子的12%，人類「前額葉皮質區」約占大腦皮質的30%，而直至成年才完成「髓鞘化」，大腦的功能才定型，但非常個別化，各有己見。

　　人類跑不快、跳不高、舉不重、游不遠，運動能力以及知覺敏銳度都遠不及其他動物，大腦功能又極度晚熟，而到底是什麼因素使人類能獨領風騷，獨霸地球呢？紐西蘭科學加弗林（Flynn）發現所有國家的新一代智商都凌駕上一代，大概平均每十年增加三至六分。顯見文化、教育、環境、營養所加諸之效應在短期內就能立竿見影，這種有為且快速的「文化性演化」屬於「拉馬克模式」（Lamarckian），而像腦結構本身改變的「天擇」是無為且緩慢的「生物性演化」，屬於「達爾文模式」（Darwinian）。

　　法國哲學家柏格森（Bergson）反對達爾文「物競天擇」與「適者生存」之說。立論於愈複雜的生物反

而會帶來更大的生存危機。如果演化的目的只是為了生存與傳宗接代，應該止於最簡單的有機體。柏格森主張「創化論」，認為宇宙本體是「生命的衝力」。理性動物為了突破限制，追求更高的生命價值而引發演化不同層次的發展，孕育日新又新的動力。人類本身與大腦都是演化「創作」的精品，同時也是「創作者」，具有「創化」的能力，可視為「生物性演化」所衍生的「文化性演化」。

　　腦神經科學家因此致力研究「演化」的大腦如何產生「創化」的能力，發現了一些在其他動物不是付之闕如，就是極端不發達，但人類獨有或獨大的特殊腦區域。其一是位於大腦頂葉、顳葉、枕葉交界處的「下頂小葉」（lobulus parietalis inferior），包括前端的「緣上迴」（gyrus supramarginalis）及後端的「角迴」（gyrus angularis），能整合分析觸覺、聽覺、視覺等不同類別感覺資訊的場所，也才能形成在腦中自由操控「抽象概念」的功能。其二是位於兩大腦半球分界處的

「前扣帶迴皮質」（anterior cingulate cortex），與位於額葉的「鏡像神經元」（mirror neuron），使人類能精確揣摩他人心理、思考和意圖，而能「推己及人」的具同理及惻隱之心。但反過來亦可使人類能以其人之道，還制其人之身，相互猜疑，勾心鬥角。

而最為關鍵無疑是在左大腦半球，兩個掌控語言的中樞，包括人類獨有，位於前額葉的「布洛卡語言表達區」（Broca's area），人類獨大，位於顳葉的「韋尼克聽覺語言區」（Wernicke's area）。人類是唯一能藉語言來溝通的物種，沒有高度語言溝通能力，就不可能有人類社會文明的發展。一九九〇年發現的「FOX P2基因」，人類擁有與其他動物不同的序列。這種語言的基因模組（language module）可追溯至四百萬至五百萬年前，但遍及全人類大約在十萬至二十萬年前形成「智人」的一種優勢溝通模組。而閱讀模組（reading module）並未直接烙印於人類大腦，它必須「借殼上市」，利用語言的生物模組精確轉換而成。閱

讀由「解碼」和「理解」兩大支柱所構成，是較近代的人類成就，屬於「文化性演化」，可以說是與全世界聯結最短也是最快的途徑。因為大腦具有可塑性，創化性，並發展出語言和讀寫能力，使人類能大量創造並傳承經驗和智慧，快速累積成就，創新文明。

集體自殺 如住火宅 如履薄冰

　　數百萬年來，人類與自然一直和平共存。而工業革命以降，因醫藥科技的發達，公共衛生的進步以及糧食革命的成就下，人類壽命延長了數十年。地球的人口從十九世紀的十億人，暴增到今日的七十億人，特別在過去五十年，人口的數目就增加超過一倍。在生活豐足與欲望高漲的推波助瀾下，全球食物與淡水的消耗量，五十年來增加三倍以上，而同時期化石燃料的消耗增加四倍，肉類的消耗量更激增五倍。現在人類占用了光合作用產物接近一半的水平。

　　從生物學的觀點，「演化」是一種盲目而無思考的過程，會導致無法預測的結果。無為而緩慢的「生物性演化」是如此，有為且快速的「文化性演化」亦

復如是。智能的發展使人類的許多科技都足以毀滅地球，但仍無能帶領人類逃離地球。而更令人疑忌的是人類的理性和道德，遠遠無法企及欲望及貪婪，我們仍難稱為是「理性」的動物，而是善於「合理化」的動物，本質上只是披著現代外衣，擁有現代科技的狩獵者。一旦喪失理性，無論是核子戰，化學戰，生物戰的全面啟動，都可能造成人類的滅絕。而無法掌控的科技發展如複製技術，基因改造，量子科技，相對論性重離子對撞器（relative heavy ion collider），一旦脫序也會造成致命的打擊。而最迫在眉睫的是地球暖化，環境汙染及生物多樣性破壞所帶來的巨大浩劫。

大氣中有許多氣體會因人類的活動而增加濃度，主要是二氧化碳，甲烷，一氧化碳，皆是吸收紅外線的高手，藉由「溫室效應」造成地球暖化。科學也證實，自十九世紀末至今，地球總氣溫趨於暖化，確與溫室氣體排放有密切關係。這段期間，地球的二氧化碳由小於280ppm，上升到目前突破400ppm，主因是

工業與交通燃燒化石燃料，加上熱帶雨林的大量砍伐，造成仰天長「碳」，壯懷激烈，也導致「碳」通天地有形外，亦在「風雲」變化中，天氣激烈的變化。現今大氣中的甲烷約為工業革命前的二點五倍，一氧化碳增加20%。甲烷是人類出現前，就存在於地球中的氣體，而在大氣的含量是人類出現後才暴增的。目前大氣中的甲烷約60%是人為產生的，包括牲畜養殖場，垃圾掩埋場，廢水處理場，化石燃料燃燒。而為了滿足人類口腹之欲，養殖大量反芻動物，如牛有四個胃，食物在胃中進行厭氧消化，釋放的牛屁、牛嗝含有大量甲烷，亦是暖化加速的元兇之一。甲烷造成溫室效應的能力是二氧化碳的二十三倍，每公斤的牛肉相當於製造三百八十公斤的二氧化碳。

　　因為地球每一個人都共享大氣層，「地球暖化」比任何議題更具「全球性」。當水溫增高時，風速會相對增強，暴風中水分凝結也隨之提高。自二〇〇四年來，紛至沓來的暴雨、暴雪、強颱、颶風與熱帶氣旋

席捲全球，所至之處，瞬間造成人間煉獄。整體而言，二十世紀的總雨量至少增加20%，但在一些地區反而造成致命的乾旱。乾燥又容易引起閃電，常促使野火燎原，一發不可收拾。而溫暖的環境在海水蒸發增加，使得空氣濕度提高的同時，也會從土壤帶走水分，造成全球沙漠化日愈嚴重。乾燥的土壤會導致蔬果水分含量不足，農產品大幅減少，並引起更多的火災。

　　暖化也會造成南北極冰雪融解，勢將引起海平面升高。雖然罪魁禍首是先進國家與上層階級的過度消費。但弔詭的是會先由開發中國家與弱勢族群來付出代價，特別是溫室氣體「零產出」的低海拔太平洋小島，卻要面臨即將「滅頂」，生存「零希望」的殘酷事實。而兩極永凍土的融化會釋出大量甲烷，加速全球暖化。高山冰川的全面消融，將使百分四十的全球人口面臨水資源短缺的問題。暖化也會造成傳染病的失控、蔓延，更會造成生態系嚴重的破壞，估計未來十年，大約有40%的物種會消失。更可怕的是人口急

速增加，也必然會造成水、糧與資源的爭奪。分配不均，貧富懸殊，加上恃強凌弱的人類劣根性，會促使國際政治動盪不安，戰爭也將無日無之。

　　二十世紀初，合成肥料的發明是農業發展最重大的突破。他可以使貧瘠的土地變為良田，也能反覆耕種，不必等待土地養分的自然再生，因此促使全球人口的大幅攀升。但廣泛的使用肥料，擾亂了地球的化學作用，使整個環境氮與磷的流量提高了一倍以上，而嚴重汙染了許多河流、湖泊及海洋。水質惡化也造成有害的藻華爆發，形成大片缺氧的死亡海域。最近的研究報告也證實會造成全球暖化及生物多樣性的損失，並危害人體健康，提高罹患失智症及糖尿病的風險。

　　而為了人類生活的便利與舒適，做為冷媒的氟氯烷（chlorofluorocarbons，CFCs）導致具有紫外線防護功能的臭氧層破了大洞。人類開發並大量製造，廣泛使用的塑料（plastics）是以石油為主要原料的人工產

物，因為微生物無法分解而難以風化，被大量丟棄為垃圾，也成為汙染環境的重大原因。另外，半導體產程，洗滌清潔業中的有機溶劑以及化學工廠製造的金屬產品所產生重金屬，如鉛與砷等都會造成地下水的嚴重汙染，危害人體的健康。

地球上有熱帶雨林、海洋、沼澤、沙漠與大陸隔絕的島嶼，極地等各式各樣的自然環境，孕育棲息上千萬的物種。每個個體都有不同的基因組合（gene sets），在生態系（echosystem），物種（species）及基因（genes）的多樣性（diversity）交錯建構下，蘊藏著地球四十億年的生命軌跡。而生物彼此連結成密切關係的食物鏈（food chain），沒有一種物種可以獨立存活。生物多樣性（biodiversity）利益人類，也是經濟價值的供給來源。熱帶雨林是生物資源的重要寶庫，由紅樹林、海藻場、珊瑚礁連結而成的緩衝地帶，也有護育地區環境的重大功能。在經濟價值方面，不但是食品、藥品、工業原料的來源，更提供環

境保護及景觀設施無可取代的貢獻。生物多樣性的破壞會造成人類生存資源的枯竭，後果難以想像。

　　自工業革命伊始，人類就啟動大量生產、大量消費、大量丟棄的連鎖模式，並成為世界經濟發展的軸心。世界自然基金會（World Wild Fund for Nature，WWF）將人類消耗自然資源對環境造成的影響訂出「生態足跡」（Ecological footprint）指標，並推斷一個地球之適當承載人口為五十億人。現在已超過七十億人的世界人口，需要一點五個地球。而若全世界的人都如美國人一樣的生活方式，就必須有五個地球才能供養。中國六十年來實施「一胎化」政策，雖然造成人口老化的社會危機，但對地球減少負擔的貢獻實不言可喻。現在中國溫室氣體的產量是全球的25%，超越美國的20%。而中國人口是美國的四倍，當中國人物質生活水平和欲望需求不斷提升，而世界工廠造成環境破壞不斷的惡化，地球將面臨更大的衝擊與考驗。

　　古生物學家研究發現，地球從六億年前寒武紀

的發軔期到六千五百萬年前恐龍滅絕消失時，共歷經五次超過90%物種消失的全球大滅絕。其原因是源於外在環境如火山、海洋、小行星、大氣層突然巨變的「他殺」。而地球似乎正在進入另一階段的大滅絕，只不過此次的原因可能是人類的「集體自殺」。假如人類不願面對真相，也不願思考未來，演化的自然法則從來不留情面，不適者自然淘汰，無論是以他殺或自殺的形式。若是人類的大量殞滅才能恢復地球的生息，大自然的反撲也絕對不會手軟。人類就像地球大家族最聰明的成員，但窮奢驕逸，揮霍無度，不但性格所決定之命運會遭致惡報，驕縱所造成之罪惡也會拖累整個家族。我們常誤以為節能減碳是在救地球，其實是在挽救人類免於滅絕的命運。縱使包括人類的全球生態系，因為人類無法停止破壞而遭到滅絕，地球就會重新啟動一個新的生態系。而人類自以為是的「人本原理」也會隨之退場。

烽火連天 血淚祭典 文明魔咒

　　從狩獵、採集的時代，人類為了生存與發展，必須與大自然及其他物種進行競逐、抗爭。形成部落、族群後，更為了地盤、糧食、奴隸與仇恨，相互侵奪征伐。戰爭的內在動機，從早期為了生存與發展的需求，逐漸擴延至欲望、野心、資源、商機、國家版圖、政治板塊，甚至歷史定位的層層考量，加上歷史的仇恨，族群的區隔，宗教的教義，非常的錯綜複雜。戰爭、征服、殺戮與霸權幾乎與人類歷史一樣長久。根據統計，人類的歷史有70%是在戰火中渡過，和平似乎只是戰爭的延續，以休養生息開端，以蓄勢待發結束。歷史上戰爭的本質沒有改變，但因時代的推移，毀滅性殺傷力更強的武器不斷推陳出新，加上

無差別性的恐怖攻擊，全球都已成為可能的殺戮戰場。製造恐懼、猜忌的同時會惡性循環的激起更荒唐的瘋狂行為。而每一場戰爭與恐攻對於政治、軍事、經濟、文化、集體的心理與意識型態都會產生深遠的影響。

　　人類是以非洲為共同原鄉，而遍布在地球各處的人類，經過長久的漂流遷移，在不同的風土與環境下生根，建構出不同的種族、民族、社會與國家，也形成不同的風俗，文化與價值觀。人類史上的四大文明，包括在幼發拉底河和底格里斯河兩河流域的美索不達米亞（Mesopotamia）文明，尼羅河流域的埃及文明，印度河流域的印度文明，與黃河流域的華夏文明。印度文明與華夏文明被大沙漠，大山脈切割，孤立性強。而埃及文明及美索不達米亞文明由於地理環境條件，朝一體化發展。

　　中國戰國時代的荀子與歐洲十七世紀啟蒙時代的霍布斯（Hobbes），都是主張「人性本惡」的思想家。

兩個長期處於敵對立場的個人或群體，彼此之間互相猜疑很難有互信，必有一方會先啟開戰端。在永無休止的戰鬥世界中，人命財物不斷耗損，家庭社會激烈動盪。「如俟河清，當待何日？」亂世之人民無不企求能平定亂局的英雄橫空出世。慢慢的，人類以想像力構思全體人民都能接受，願意託付執行權力及合法暴力，對違反者施以制裁，並能抵禦外侮，以確保眾人安全及社會秩序的國家應運而生。國家出現後，人類因戰爭死亡的人數也確實減少了。

　　而源於美索不達米亞文明的中東世界在文明誕生的五千年後才發展出高度文明。西元前十五世紀，由於馬車牽引的二輪輕型戰車的投入戰場，衍生了千年的動亂時期。在這段期間，掌控霸權的是伊朗波斯帝國。西元前七世紀，包括美索不達米亞平原與埃及兩大文明圈所形成古老東方實現統一，產生了人類第一個帝國——亞述帝國的誕生。從西元七世紀，伊斯蘭崛起並成功整合了阿拉伯遊牧民族，發動大征

服運動，稱雄中東半世紀。從十一世紀起，雖然有八次的基督教十字軍東征，但主控中東的是塞爾柱（Seljuk）土耳其帝國，蒙古帝國與鄂圖曼（Ottoman）土耳其帝國。而從一二九九年至一九二二年，領土橫跨亞、歐、非三洲的鄂圖曼帝國，竟被英國的賽克斯（Sylkes）和法國皮科（Georges-Picks）經由祕密協定裂解。北部納入法國，而南部歸為英國的勢力範圍，種下了中東至今恩恨情仇難解，情勢動亂不已的遠因。

所謂帝國，是指統治複數國家和民族，橫跨廣大地區的國家。從因民族和宗教所結成的國家，到超越民族和宗教形成的帝國，是人類擴張領土的野心所創造出來全新領土的概念。十五世紀開始的地理大發現時代，改變了帝國勢力的版圖。從原本同處於大陸領土，到橫渡海洋的領土征服。人類與帝國發展，一起走過將近三千年。

而東方的華夏文明，在西元前六世紀，於黃河流域以粟栗為中心的農耕文明，及在長江流域以稻米為

中心的農耕文明雙雙展現風貌。而根據西漢司馬遷所著《史記》的記載，中國最初的王朝是夏朝，但年代並不清楚。繼之而起的商朝約在西元前一千七百年建立。從夏朝到中國最後一個皇朝清朝，共歷經二十三個皇朝，數百個政權，發展出豐贍的文化與高度的文明，也上演波瀾壯闊的歷史戲碼。其中鬥爭之慘烈，王朝之興替，文化之頓揚，思想之變遷，疆域之異動，不絕於史。

　　嚴格而言，中國自古並沒有「國家」之觀念，而是「天下非一人之天下，乃天下人之天下」的「天下」思想。不同於歐洲的「君權神授」思維，是以「天命」為號召的革命思想。所謂「中國」，原本是指萬里長城以南的漢民族文化圈。隨著滿清入侵並不斷對外發動征服戰爭，領土不斷擴張，才奠定現在中國領土的基礎。為因應全球多元化的社會，超越民族與種族，以現代國家，公民身分證及人權觀念為基礎的族群意識，已成為當代主流觀點。平等互利，和平共榮是多

民族、多種族國家應追求的目標與努力的方向。

　　從近代史觀之，十七世紀中葉，西班牙是歐洲最強盛的大國。直至一八一五年，被法國取而代之，拿破崙領導的法國幾乎即將建立起全球霸主的地位，但功敗垂成。十九世紀中葉，工業革命成功的英國稱霸全球海洋。而二十世紀伊始，是武力征服，領土擴張，商業剝削，資源掠奪的群雄並起「帝國主義」時代，並引發第一次世界大戰，造成四千萬人傷亡，歐洲工業倒退八年，逐漸走向沒落，美、日乘機崛起，俄國也建立第一個「共產主義」國家。一九三九年，戰後復興的德國人入侵波蘭，第二次世界大戰全面引爆，全球六成國家捲入戰爭，戰火擴及五大洲、四大洋，共造成九千萬人傷亡，五萬億美元損失，是人類有史以來規模最巨大，傷亡最慘重，破壞最徹底的全球性戰爭。

　　第二次世界大戰之後，各國發起獨立戰爭，以阿戰爭、韓戰、越戰、兩伊戰爭接踵而至。資本主義

與共產主義，民主陣營與極權陣營壁壘分明。雖然蘇聯於一九九一年解體，冷戰結束，美國獨霸世界，但波灣戰爭，九一一事件，阿富汗戰爭，伊拉克戰爭到伊斯蘭國（Islamic State，IS）崛起，引發廣大的難民潮。一波未平，一波又起，其中摻雜了太多的宗教教義之爭，歷史恩怨情仇，戰略考量與石油利益。而世界各地層出不窮，在中東、南歐、高加索、巴爾幹半島、南亞、非洲、中南美，區域性的武裝衝突，甚至多國性的現代化戰爭亦是此起彼落。我們比鄰的朝鮮半島、東海、南海也是劍拔弩張，戰雲密布。全球資本化、金融信用化、武器科技化、數據資訊化，推動不斷擴大且持續滾動的金錢巨輪。而資本、科技與帝國的結合，更催生了戰爭產業化。「普立茲獎」得主佛里曼（Friedman）倡議「世界是平的」，但似乎愈來愈不公平，更不和平。

　　從外太空俯觀，地球所有的陸地、海域皆沒有任何疆界。任何的領土國界都是人為的，也隨著時間

的推移，江山易改，國家易幟，可以說沒有歷史固有的領土，只有現在固執之領土。人類同源於非洲，有共同祖先，基因序列的差異都不過0.1%，也都是時空天地中短暫的過客，卻不停的互相征伐殺戮。一場戰爭的勝負成敗雖然都會塵埃落定，但餘波所及，可能會延續更大，更多，更殘酷的戰爭。在戰爭中沒有勝者，更沒有永遠的勝者。電影《一八九五》中有一句發人深省的話：「凱旋的軍禮，應以喪禮的形式來進行。」人類既已能從宇宙來觀察我們美麗蔚藍的地球，更應該穿越時空，跳脫狹隘的民族與國家意識，重新審視這顆海陸交錯，無「界」良品的地球。多一分理解與感恩，少一分仇恨與無明，世界的和平就會多一分希望。

意識型態　思想慣性 歷史情結
· · · ·

　　身與心，腦識（brain）與心識（mind）的分合
因果關係，一直是人類生命中最難解的謎題。大部分
神經學家都傾向於唯物論，認為腦是心智的主宰。意
識（consciousness）完全仰賴腦的活動，意識的各種
層面是由不同神經迴路建構的複雜網絡，交互作用產
生大量訊息的突現性質（emergent property）。清醒的
意識是一種了解自我與周遭環境的狀態，其必要條
件涵括初級功能的覺醒（arousal）與高級功能的認知
（awareness）兩部分。

　　覺醒是較為原始的反應，植基於腦幹（brainstem）
內散布的神經核與神經徑路所構成網路，從延髓（med-
ulla）上溯至視丘（thalamus），稱為「上行網路活化系

統」（Ascending Reticular Activating System，ARAS）。ARAS由視丘投射至整個大腦皮質（cortex），作為大腦皮質認知系統的開關（on-off switch），在正常的情況下，形成睡眠與清醒的週期。而認知則指高功能協統各種型態的感覺輸入，使個體能有意識的了解自我與環境，植基於整個大腦皮質。簡言之，意識的成立是以大腦為中央機構，將內外各種感覺輸入編碼（encode），產生意識與自我認知（self-knowledge）。

科學家對於神經網路之複雜組合如何產生意識及自我存在的認識過程，仍然爭論不休。史培利（Sperry）認為意識皆為大腦活動所浮現之屬性，而又能在其本身的層次相互作用，並反其道的以干預姿態來控制大腦全部的生理活動。而兩位對意識的「意識型態」南轅北轍的科學家曾經展開激烈的辯證。「獨派」的柯霍（Koch）認為每一個意識皆由腦區裡一群獨特的神經元以特定的方式產生活性所造成的。而「統派」的格林菲爾德（Greenfield）則主張每一個意識經驗都是許多

腦區域的神經元同步活化，而其活化必須超越一定的程度才能產生意識。而這樣的統獨爭議仍然無解。

　　意識型態（ideology）指的是一種觀念固著所形成的大腦思想慣性。人類的大腦傾向於將複雜的因果關係化約為二元條件形式，如善與惡、好與壞、對與錯、成與敗以便更有效率的來處理真實世界的複雜訊息。而大腦一旦輸入某種對立的觀念，它同時會提取存於大腦杏仁核與海馬迴的記憶，來賦予不同的情緒。神經學家迦薩尼迦（Gazzaniga）發現在左腦半球可使並非理性的輸入資訊合乎邏輯，而其中一個稱為「左腦半球詮釋者」（left-hemisphere interpreter）的特殊區域，負責詮釋並將之編織成「合理化」的情節以強化固有的觀念。人類一旦先入為主的形成某種信念，大腦本能的拒絕不符合其既有信念和認定的訊息，即使反證如山，亦復如是。這也能解釋當政治領袖或宗教神棍被法律與輿論判定有罪或騙徒，信眾和信徒仍一本初衷，拒絕承認。雖說一次受騙是真「純」，一再

受騙是真「蠢」，還是有許多人一路相挺，一生不渝。

　　意識型態是舊有意識的習慣化，固執化，常以被灌輸或認定的觀念來作為是非善惡的判斷標準，限制了思想的可塑性，包容性與多元性。自由主義／社會主義，資本主義／共產主義，帝國主義／民族主義，沙文主義／女性主義，人們習慣以一套意識型態否定另一套意識型態，以一種邏輯體系批判另一種邏輯體系。臺灣的政客與名嘴也善於掌控這種人類大腦慣性，操弄統／獨，藍／綠，左／右的族群、政治意識及二元對立，以謀求個人與政黨的利益，但也造成社會的不安與國家的動盪。意識型態不是意識，現代公民必須努力克服這種生物上的認知與偏見，避免「盲從」與「從盲」，培養更寬廣的心胸與明辨是非的能力。

　　歷史與經濟學一樣，通常都無法「先驗」，基本上是屬於「後見」的學問。相同的時、地、物、故事情節、歷史事件都可能產生不同的解讀，因此具有不同的意義，很難有絕對的公平與中立。人類的歷

史事件難以計數，而這些事件何以發生、何時發生、如何發生，雖然事後的檢討都有跡可循，但事前都難以準確預測。歷史事件猶如量子力學的「不確定原理」（Uncertainty principle）以及生物學上的「布朗運動」（Brownian motion）一樣，存在太多的隨機不可預測性，事件前後對於資訊的判斷與解讀必然存有極大的落差。特別是二十世紀是人類歷史最變幻莫測的時代，經過了法西斯民粹主義，共產極權主義，自由經濟主義的實驗，帶來了前所未有的豐足，也製造無以倫比的苦難，營造了無限的希望，也帶來空前的幻滅。

　　歷史的智慧與哲理是無數在不同地方、不同時間，以文治與武功，智慧與血汗，成功與失敗，理性與感性所交織出來的寶貴經驗。不但可以警惕我們避免重踏覆轍，並可以幫助我們由瞭解過去，開啟智慧以迎向未來。但不可諱言的，歷史常只有「表相」，不一定有「真相」，有「事件」，不一定有「事實」。每一事件的起承轉合，前因後果，通常不是史學家所能完全瞭解，

他們通常是依據自己的「自由心證」或當權者的「政治正確」來詮釋的。無怪乎臺灣每當政黨輪替，便會有一批學者專家以自己或當局的「意識型態」與「歷史情結」，企圖調整歷史課綱。事實上，人類社會對歷史的認識常是片斷的、地域的、自我的、個人思想的、民族感情的，甚至是被洗腦的。並沒有對世界通史有更透徹的認識、更現代的觀點、更開闊的角度作整合與聯結，以衍生更公正、客觀、同理的歷史思維。

　　二戰後，全球進入冷戰時代，也是以美、蘇兩國為首民主主義與社會主義陣營意識型態的對立，並以核武相互毀滅的恐佈平衡，促使「核子和平」的實現。九〇年代，蘇聯解體，世界平衡再次崩解。美國兵不血刃成為全球霸主，也是唯一非從歐亞崛起的世界超強。無論在軍事武力、經濟規模、科技創新、大眾文化皆引領全球。然而近三十年，人類科技的創研從「硬體」走向「軟體」。在網際網路問世伊始，一個超越國境、種族，瞬間串聯虛實世界的時代來臨

了。「九一一恐攻事件」更宣告沒有鐵桶的江山，沒有攻不破的防線，也沒有永不崩落的霸權。而「反恐戰爭」與「反帝戰爭」也必然方興未艾，更加慘烈，最終還是由無辜的人民來付出代價。近年來的九一一恐攻、金融海嘯、茉莉花網路革命、全球難民浪潮、英國的脫歐公投、美國川普爆冷勝選，縱然大數據（big data）運算能力與情報體系的鋪天蓋地，人們依然只能當事後諸葛。歷史的弔詭是既無法假設，也無法重來，只能共同承受。很難想像每一個人的簡單選擇，在傳播媒體的推波助瀾下，都可能造成歷史潮流不可逆的翻轉，甚至改變人類的命運。在這個瞬息萬變的時代，現在的我們根據自己的意識型態及歷史情結所作的每一個判斷和作為，其實都在影響創造未來的歷史，也左右自己的命運與前途。就如意識型態不是意識一樣，歷史情結也不是歷史，更重要的是要以更寬廣的歷史視野，更悲憫的人類情懷，以迎接希望的未來，開創光明的歷史。

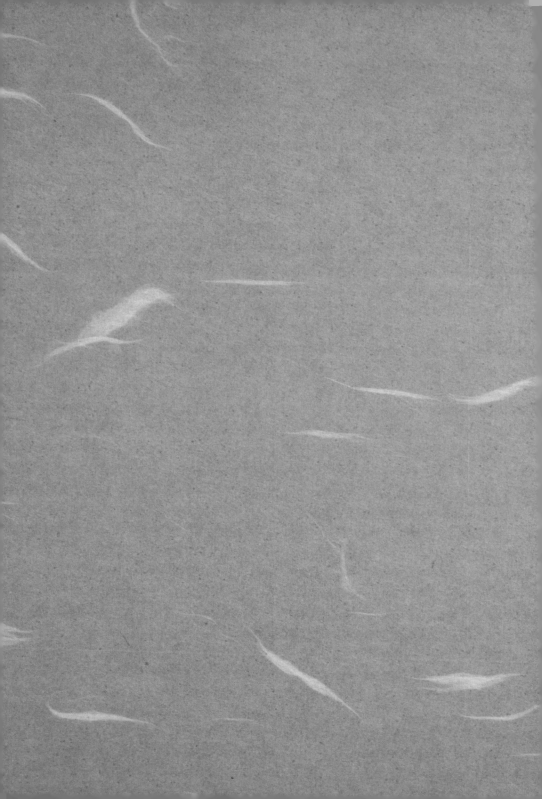

第二輯

臺灣篇

左右開弓——明鏡亦非「臺」

臺灣政治的前生與今世

　　四百年來，臺灣是一個風雨飄搖，命運多舛的海島。最早的臺灣主人是複雜且多元的「南島民族」，也就是一九九四年才正式定名的「原住民」。其中居住於高山的稱為「高山族」，定居於平地的稱為「平埔族」。從史前時代，臺灣就與海外往來。直至十六世紀才進入文字記載的歷史時代。中國、日本與歐洲的文獻開始有了關於臺灣的記載。臺灣的乳名包括東番、高砂、福爾摩沙、艾爾摩沙等。從十七世紀，世界進入海權爭霸的時代，甫上歷史的臺灣就被迫進入世界的舞臺。歐洲的荷蘭、西班牙、中國的明鄭、大清帝國相繼入主。

　　一六二三年，荷蘭與明朝在澎湖交戰，結果不分

勝負。但在議和締約中，明朝寧取澎湖，而將心目中「化外之島」的臺灣拱手讓予荷蘭。高舉「反清復明」旗幟的鄭成功於一六六二年轉戰臺灣，驅逐荷蘭，建立海外政權，也是臺灣第一個漢族政權。一六八三年，清朝降伏鄭氏東寧王國，正式入主臺灣。大量的閩南難民「忽聞海上有仙山，山在虛無飄渺中」，不顧生命危險，度過險難重重的黑水溝「臺灣海峽」，移民臺灣尋求生存發展的新天地。但英雄來自四面八方，或由於生存競爭，或由於原鄉認同，不斷的發生「漢原交戰」、「閩客械鬥」、「漳泉火拚」。而根據最近的基因序列研究，有相當高比例的臺灣住民，或多或少都有平埔族的血統，也反映這段時期，血統與文化交流之密切。

臺灣位於東海、南海的交界，東北亞及東南亞的交口，在荷蘭及明鄭時代都發揮了東亞航道樞紐的功能。然而，大清帝國的陸權思維卻壓抑了臺灣的海洋性格，限縮了原本熱絡的國際貿易，只剩海峽兩岸交

往。直至一八九四年的「甲午戰爭」，清朝潰敗，於隔年屈膝的訂下「馬關條約」，將臺澎割讓於日本，而進入「日治殖民時代」。半世紀的日本統治，根本改變了臺灣人的文化觀與價值觀。也經由醫療體系的建立，公共衛生的推行，土地戶口的全面調查，公共建設的大力進展，紙鈔的印行，國民義務教育的實施以及禁止婦女纏足政策，為臺灣奠下了近代化的基礎。但本質仍存有民族歧視與經濟剝削，也引起了層出不窮的社會運動、文化啟蒙運動與抗日民族運動。到了一九三五年，在極力爭取及請願下，臺灣人民獲得了選舉地方議員的權利，史上第一次行使投票權。一九三七年，中日戰爭爆發，日本積極推行「皇民化」政策，臺灣本土文化與宗教信仰備受打壓。一九四一年，太平洋戰爭爆發後，開始募兵、徵兵，開展了臺灣人悲慘的戰爭經驗。

　　一九四五年，二戰結束，臺灣喜迎「光復」，而接管的國民政府卻以「征服者」的姿態君臨臺灣，壟

斷了政治與經濟，讓臺灣人民感受是從「光復」到「光覆」，從「接收」到「劫收」。貪汙腐敗，經濟崩盤，盜賊橫行，軍紀蕩然，治安敗壞，十八個月間頓時讓臺灣社會倒退三十年。由於累積的民怨，一九四七年爆發了「二二八」事件。在事件中，國府軍隊抵臺，展開了鎮壓、搜捕、屠殺，再以「清鄉」為名，進行全島肅清。臺灣社會菁英犧牲殆盡，民眾傷亡慘重，其深化之族群仇恨、歷史刀痕為往後的臺灣政治與社會，種下了極其深遠的影響。

　　一九四九年，在國共內戰全面潰敗的國民政府，帶領一百五十萬中國各省軍民潰退臺灣，對當時只有六百萬人口的臺灣在經濟、社會上造成重大結構性衝擊與壓力。而宣布「戒嚴」，實施軍事高壓統治，嚴格限制人民自由，更以「動員戡亂時期」的臨時條款進行蔣氏政權強人統治，以「肅清匪諜」名目濫殺無辜，為時十年的「白色恐怖」約有二千人遭到處決，八千人被判重刑，但其中可能只有少數人是「貨真價

實」的匪諜。臺灣作家吳濁流一九四五年出版的《亞細亞孤兒》描述臺灣人既不是中國人，也不是日本人的悲情。五個月後，臺灣由日本回歸中國統治，但臺灣人體認到無論是一八九五年或一九四五年政權兩度易手，迎來的都是武力鎮壓，殖民統治。「二二八事件」之後，有些臺灣人開始從「孤兒」的處境中，萌生臺灣獨立意識，並於海外開展「臺灣獨立運動」。

　　一九五○年，韓戰爆發，美國為了確保西太平洋的反共防線，宣布臺灣海峽中立化，並派出第七艦隊巡防，遏止了中共渡海解放臺灣計畫。臺灣更由於位於「鐵幕」前線，於一九五一年至一九六五年間，獲得大量美援，對於經濟發展發揮了舉足輕重的影響，並逐漸由農業時代，邁向工商業時代。具有海洋文化歷史性格的臺灣，向外拓展經貿而躋身「亞洲四小龍」。七○年代，蔣經國行政院長擘劃展開「十大建設」，不但是戰後首次大規模基礎建設，更成功克服了中東戰爭引發的全球石油危機與經濟不景氣。

政治是不流血的戰爭，而戰爭是流血的政治。雖然在一九四五年後，臺灣本島沒有真正發生戰爭，但戰火的威脅與陰影，卻長期籠罩於臺灣天空中。五〇年代的「八二三砲戰」，金門遭受無情砲火的洗禮，其煙硝火花讓臺灣感受到兵臨城下的迫切危機。六〇年代，美軍在越戰中退敗，南越被越共解放，也讓臺灣有脣亡齒寒，頓失依靠的深切感受。七〇年代，臺灣退出聯合國，美中建交，臺灣更如置身風雨飄搖之中。而八〇年代，雖然兩岸打破禁忌，實質交流，但由於政體的歧異，統獨的發酵，歷史的宿業與選舉的激情，繃緊的兩岸情結仍不時牽動敏感的政治神經，戰爭的威脅一直沒有離開過臺灣。

臺灣現在不僅是閩、客、外省、原住民四大族群，加上許多外籍配偶及移民，早已是「五族共和」了。不但已不是吳濁流說的「亞細亞孤兒」，而是如假包換的「亞細亞雜種」。所有的先民都是外來的，無論是什麼樣的時空背景，什麼樣的血統族群，漂流

到這個島上來共建家園，自是「有緣」。「相逢何必曾
相識，同是天涯淪落人」，人類的悲歡離合，歷史的
起承轉合，時代的盛衰起落，族群的恩怨情仇，都是
基於生存的壓力，人類的本性，資源的分配與文化的
歧異。在這個島上的每個人宜對歷史謙卑，對自己惕
勵，對子孫負責；寬容過去、把握現在、迎向未來，
共同建造公與義的臺灣新社會。

臺灣民主的剛強與脆弱

　　一九四九年，國民黨因國共內戰而遷臺。在歷史弔詭的捉弄下，臺灣搖身一變成為「反共基地」，繼鄭成功的「反清復明」之後，又再一次身不由己，以小搏大對抗大陸的新政權。雖是流亡海外，國府仍堅持代表真正中國，並持續實施《動員戡亂臨時條款》，來自大陸的第一屆立委與國大無限期連任，形成「萬年國會」。到了五〇年代，臺灣民眾可定期選出鄉鎮縣市首長及地方民意代表，成為「自由中國」的「民主樣板」。但當時無論金錢買票，黑箱作票，樁腳綁票，政策騙票均是常態，形成國民黨能夠掌控的地方派系政治與黑金結構。一九六〇年，雷震等人籌組反對黨被判重刑，《自由中國》雜誌被自稱的自

由中國查封。一九六四年，彭明敏等人發表《臺灣人民自救運動宣言》，遭到逮捕。一九六九年，在社會及學界壓力下，政府不得不修改臨時條款，但也只能一小部分改選，有了經由選舉產生的「增額委員」。雖然只是局部改選，但已經提供異議人士「體制內」的發言權，以及民眾的民主教育功能。

　　一九八六年，反對國民黨「一黨專政」的黨外人士無視禁止組黨的戒嚴體制，宣布成立「民主進步黨」。蔣經國總統迫於內外情勢，只能順應時代潮流，採取既不承認也不鎮壓的政策；更於一九八七年宣布解除戒嚴，縮減軍事管制，回歸正常行政、司法體制，並同時解除許多禁令，讓人民獲得結社、集會、言論、出版、旅遊等基本自由與人權，也開放外省人返鄉探親。一九八八年，蔣經國辭世，繼任的李登輝成為第一位臺籍總統，並在驚濤駭浪中，於一九九〇年贏得總統選舉。當時海內外的許多觀察家都懷疑李登輝的身手是否能克服黨內保守派強力反撲，鞏

固自己地位，帶動政治改革。

　　以德川家康為師的李登輝深諳「該忍的時候忍，該狠的時候狠」的政治之術與武士之道。就如同「一切即劍」的宮本武藏戰勝「劍即一切」的佐佐木小次郎一樣，李登輝的「武士刀」大殺四方，威鎮江湖。先「借力使力」的利用民進黨及民意來鞏固自己在國民黨內的地位，再應用「野百合學運」提出的四大訴求，召開「國是會議」建立共識，推動改革。從終結萬年國會，廢除臨時條款，刑法一百條，並推動九〇年代臺灣一連串的民主「初體驗」，從一九九一年國大代表全面改選，一九九二年立法委員全面改選，一九九四年北高市長重新民選及省長選舉。一九九六年的第一次總統直接民選，在中國搞「彈」，美國護「航」之下，李登輝成為華人國家的第一位民選總統，民主轉型初成。

　　一九七一年，聯合國大會通過了由中華人民共和國取代中華民國成為中國唯一代表的決議案，兩岸

攻守易勢。實質上，自從一九四九年至今，兩岸一直是「二中各表」。臺灣終止動員戡亂時期，等同實質承認中華人民共和國，但中共堅持不承認中華民國，促使李登輝以「戒急用忍」管控與中國大陸快速發展的關係，並於一九九九年提出「特殊國與國關係」的「兩國論」，造成兩岸徹底決裂。臺灣持續發展民主政治，二○○○年總統大選，民進黨候選人陳水扁在國民黨分裂之際，當選總統，臺灣政治史上首次政黨輪替完成。李登輝是臺灣民主轉型的關鍵人物，主導政治改革，抵抗大陸的「文攻武嚇」。但退任之後也只能「口」述歷史，「指」點江山，這也是他所貢獻臺灣民主的珍貴之處。

　　陳水扁總統上任後，即刻對大陸遞出一系列的橄欖枝，包括不宣布獨立，不更改國號，不推動「兩國論」入憲，不推動改變現狀的統獨公投，並承諾推動「兩岸直航」，但並沒有得到中國的善意回應，引起了黨內強硬派逐漸升高的壓力。二○○二年，具梟雄

性格的陳水扁反其向變身為「鷹派」，發表「一邊一國」，並提出「公投立法」。屬虎的他揮起了屠「龍」刀，果然虎虎生風，不但引起中國強烈反彈，美國亦視之為「麻煩製造者」（trouble maker）。二〇〇五年，中國全國人大通過《反分裂國家法》，立法明確對「臺獨」動武，並強化「國共合作」，以為抵制。陳水扁不怕衝撞的個性，不按牌理出牌的謀略，雖使臺海緊張驟升，但也使吃「硬」不吃「軟」的中國「微軟」（microsoft），從緊咬「中華人民共和國是中國唯一合法政府，臺灣是中國不可分割的一部分」的強硬立場，轉化為「兩岸同屬一個中國」。

二〇〇八年，臺灣再次政黨輪替，胸懷「天」下，心懷「天」朝的馬英九總統旋即祭出倚「天」劍。倚天既出，誰能爭鋒？馬政府持續推展國共的和解進程，推動兩岸交流合作，簽署「大三通」協定，並倡議「外交休兵」，其「不統、不獨、不武」的「三不原則」維持了兩岸八年的表面和平。馬政

府反對「臺獨」，將臺灣鎖在「一中」的框架之中，反對黨罵他「賣臺」，共產黨懷疑他「獨臺」，中國在國際場域中對臺灣的打壓從來沒有少過。「九二共識」是一九九二年，海協會與海基會達成的一個口頭共識，馬英九外加「一中各表」，並自詡為「模糊化傑作」（masterpiece of ambiguity）。但如今民進黨不承認有「共識」，共產黨及國民黨保守派都不承認有「各表」，馬總統的「三不政策」頓時變得「三面不是人」。二〇一五年，在新加坡的「馬習會」是一九四九年來，兩岸最高領導人首次會面，雖只是行禮如儀，但對於緩和兩岸緊張關係有歷史上的意義。但「小馬」在卸任後，卻在參加「大馬」的國際論壇中被打臉，無法「天」「馬」行空，證明政治形勢詭譎多變，既沒有永遠的敵人，也沒有永遠的朋友。

二〇一四年三月十八日，臺灣的大學生與公民團體發起占領立法院的「太陽花學運」，成功的阻止了備受爭議的「海峽兩岸服務貿易協議」。而這個大規

模公民反抗運動推動了臺灣歷史的翻轉。首先是二〇一四年底與二〇一六年兩次選舉，終結了國民黨從中央到地方超過半世紀的優勢統治地位，催生了民進黨首次全面執政。其次是「天然獨」的年輕世代讓「臺灣認同」遠遠超過「中國認同」。中國對外以大國威信，市場利誘壓縮了臺灣國際空間，對內以統戰邏輯，經濟利益分化臺灣，引起了臺灣社會高度警覺與抵抗動員，形成巨大的反作用力。在這樣的氛圍下，民進黨的蔡英文於二〇一六年的總統選舉大敗國民黨，完成了臺灣第三次政黨輪替，也是第一位女性總統。

蔡英文就任後力主兩岸「維持現狀」，沒有明確承認「九二共識」。此舉違反了習近平將「九二共識」定調為臺海的「定海神針」，自然會引起滔天巨浪。於是中國中斷了雙方的官方交流，減少陸生陸客，逼迫臺商表態，積極壓縮臺灣空間。而當翻雲覆雨，「川」流不息的美國總統川普與維持現狀，「文」風不

動的蔡英文通上電話，激起「十分」火花，兩岸情勢
更是硝煙瀰漫，混沌難明。臺灣是一個不是國家的國
家，「九二共識」又是一個沒有共識的共識。在「東
方不敗」的中國與「獨孤求敗」的美國殺氣騰騰之
中，小英總統如何以靈「猴」軟劍與「凌波微步」周
旋其間，為臺灣營造最有利的空間與未來？

　　臺灣與大陸實質分立已超過一百二十年，並在
各自的歷史因緣下發展出不同的社會文化與政經體
制。兩岸在地理上一衣帶水，近在咫尺，在歷史上利
害相纏，愛恨難離。現在兩岸三黨的態勢正是日出江
花「紅」似火，春來江水「綠」如「藍」。二十一世
紀中國快速崛起，已成為政治經濟大國，而習近平的
「中國夢」也朝著「中華民族的偉大復興」邁進。集體
領導體制堅持政治理念的正確與純粹，但也具有高效
率與自我改造的能力。四十年的改革開放，獲得巨大
的成功，躍升為世界第二大經濟體，但也面臨經濟持
續減緩，貧富差距擴大，社會不滿劇增，環境破壞嚴

重，國際圍堵嚴峻的情況。而臺灣的兩黨，除了基本意識型態不同，為了「選票」與「政權」考量，都往媚俗、民粹、失能的政治同化，互為「表裡」，互相「山寨」。臺灣為第一個華人民主轉型的表率，但卻還沒展現華人運作優質民主的能力。政論節目和網路媒體常常流於民粹主義的論戰，成為「政治地雷區」。

人生有兩大悲劇，一是求不得苦，一是怨憎會苦，目前兩岸勉強苟合，恐怕雙方都會痛苦不堪。無法認同大家庭家風的小孩，讓他搬出去住，反而能維繫感情，也能有相互刺激，相互學習的機會，對兩邊的成員都有好處。中國原本極左，現在是打著左燈向右轉，黨國體制撐起的「人民政府」，有可能會陷入他們原本最撻伐的「法西斯主義」；而臺灣原本極右，現在是打右燈向左轉，自由主義滋養社會主義思潮，演變成「人民拆政府」，上演的是原先自己最反對的「階級鬥爭」。兩岸都物極必反的轉向，仍然是背道而馳，漸行漸遠。兩岸問題的終極解決需要更

多的時間、善解、寬容與同理心，也必須都能返回中道，努力成為更好的自己。政治是造福蒼生的大丈夫志業，「信已無私，信人有愛」是政治家基本涵養。「居官不愛子民，如衣冠盜」，在討伐「任我行」之同時，也要檢視自己是否已成了「岳不群」，在標榜「大道之行也，天下為公」的同時，也要觀照自己是否已是「大盜之行也，天下圍攻」。無論是什麼樣的政治體制，都是人在運作。而提升人民的公民素養、人文精神、加強政府的行政效能、監督機制，才能真正進化為優質的民主，證明自己的價值。

臺灣社會的正義與爭議

　　在人類約二百萬年的歷史中，早期的採集狩獵時期和其他動物並無二樣。直至五千年前，進入農業時期才開始演變出有意義的社會發展，而從十八世紀以降，工業革命將人類帶入工業發展時期，二十世紀更邁入知識經濟的全球化時代，科技一日千里，群聚人口驟增，交易行為頻繁，都市快速發展，社會承載量不斷迅速擴大且變動激烈。在生產規模極大化，專業分工精細化，貿易交流國際化，資訊科技虛擬化的現代，法律、政治、經濟、社會科學因應情勢，都發展為非常專業化的學問，並與我們的生活息息相關。人類演化的方向走向同宿同樓，共存共榮，成為「絕對」的社會動物，沒有一個人能獨自生存於這個世界。

社會是由人所組成，但純粹人的加總不等於社會。人類行為是由基因、神經系統，以至文化、教育與社會體系所建構的價值系統相互作用，產生錯綜複雜的潛在變化。這也是為什麼天體的運行，四時的循環，化學的反應，物理的作用，甚至心跳的電性模式都容易推測，但人類反覆無常的思想行為，難以捉摸的愛恨情仇都無從掌控。人類常做出社會無法理解的行為，有時只是為了證明人類社會果真無法預測。人類縱然置身於樂土天堂仍無法滿足，而千萬百計的想顛覆它，只是為了證明自己的能力與特立獨行。廣義的社會學含括政治學、法律學、經濟學、人類學、心理學，歷史文化與人文地理。政治表面的定義是管理眾人之事，其重心攸關權力與利益分配；法律基本上是規範人與人，人與國，甚至國與國之間的秩序；經濟學探討交易，著重於在市場的交易過程中，動機、變化及整體表現；社會學則是研究社會環境與人的互動關係。這些專門學問目的在控制人類行為，維持穩

定的社會秩序，防止混亂發生。但是社會控制的機制並無法馴服人性的貪婪與欲求，有效防止社會脫序。而為了修正這些控制的機器，人類不斷修訂更多的標準，卻引發更多偏差行為的發生。

　　為了營造心理的安全感，人們冀求公平正義，相信邪不勝正，而假裝真實世界一定如斯運作的想法，稱為「公義世界的謬誤」（just-world fallacy）。嚴謹而言，「公平」與「正義」是兩個不同層次，更都不是與生俱來的。由於個人資質，社會條件，環境際遇，自然力量及分工型態，人不可能生而平等。「公平」的概念比較容易瞭解，隱含社會「各取所需」的客觀現實與個人「相對剝奪」的主觀心理。而在瞬息萬變的時代演進與複雜多元的社會型態中，「正義」不但是普世價值哲學最複雜的中心議題，也是困惑人心最難解的道德謎題。亞里斯多德（Aristotle）以共同體中與他人之關係角度解讀正義，認為正義的本質是回歸平等。而平等有兩種涵義，其一是「匡正正義」，

如同損害理賠一般，把受破壞剝奪的損失恢復原狀的平等，屬於算術式的平等。另一種是「分配正義」，認為人應依自身的努力與價值，獲得對等的財富與名譽，屬於幾何式的平等。

到了近代，經霍布斯（Hobbes）、洛克（Locke）與魯梭（Rousseau）對於「人性論」與「社會契約論」的探討，確定了近代自然法論的架構，以正義作為人權思考的依據。而後歷經了市民革命與獨立革命的洗禮，誕生了孟德斯鳩（Montesquieu）的立法權、執行權與審判權「三權分立」的主張。公民契約論的概念，其基礎是權利與責任。不幸的是由於權利意識高漲，意識型態作祟，正義被無限上綱，廣泛延伸，不但分歧多元，更是主觀對立，各取所需，各自表述。無論是國際正義、革命正義、社會正義、司法正義、土地正義、環境正義、程序正義、分配正義、世代正義，甚至江湖正義、黑道正義，打著「正義」的招牌，人人都是「義」不容辭，「義」正詞嚴，「義」

無反顧，「義」憤填膺。高舉「正義」不但容易衍生「爭議」，甚至可以以「正義」之名，殺人無數，毀人不倦，欺人太甚或入人於罪。

　　臺灣長期受到威權政治與黨國體制的遺害，轉型正義與處理不當黨產是人民的期盼。轉型正義屬於一種匡正正義，而需要轉型正義的社會必然是渾身歷史傷痕的社會。勇於面對歷史錯誤的德國，針對納粹在二戰期間對猶太人大規模屠殺及殘酷迫害，透過不同的方式進行贖罪與救濟。在教育上，徹底否定納粹德國的正當性與道德性；在態度上，表達深刻的認罪反省並誓言負起全部責任；在法理上，透過軍事法庭，對迫害猶太人的軍人及相關人員進行追捕與審判；在經濟上，持續對以色列及猶太人提供援助與補償。先有真相，才有救贖；先有正義，才有寬容；如今仇恨消弭，以色列與德國才能維持正常的良好關係。而南非針對長期種族迫害的轉型正義，是由德高望重的黑人主教屠圖（Tutu）主持，導入神學的救贖價值，並

由黑人領袖曼德拉（Mandela）出任總統，才得以和解。

　　臺灣在轉型正義起步較晚，進展也慢。直至解嚴之後，「二二八事件」與「白色恐怖」才納入歷史的教科書中，許多真相與事實都已經淹沒在歷史的洪流之中。不像德國主動且迅速的以具體行動推展轉型正義，不讓青史盡成灰。臺灣是在公民社會逐漸成熟後，催化民主轉型，再回頭正視轉型正義，無可避免的錯失讓許多受害者獲得平反及補償，正義得以伸張的機會。轉型正義的終極目的也許不在清算與究責，但必須如實的讓當年時空背景及事實真相還諸歷史，提供歷史精確公平的審判，並深刻檢視過去威權體制的錯誤行為，以汲取教訓，深化民主法治，共同打造正向的歷史記憶，弭平社會傷痕。而妥善處理不當黨產是轉型正義重要環節，除了否定威權時代黨國不分的合法性與正當性外，更為了民主政治鋪陳良性公平競爭的軌道。

年金改革攸關分配正義與世代正義，有其時空背景，也是歷史共業。特別是臺灣已進入少子化、老年化的「不生不滅」時代，年金領的人愈來愈多，繳的人愈來愈少，已是無法逆轉的大勢所趨。軍公教退輔基金負債已高達兩兆二千多億，如不改革會與勞保一樣在十五年內相繼破產。小英政府上任第一年，即刻推動複雜艱鉅又動輒得咎的年金改革，其擔當及勇氣值得肯定。而多數民眾與軍公教人員也贊成「漸進性取消18%」及保障弱勢的「地板條款」，也顯現臺灣民眾共體時艱及共赴國難的理性。

　　歷經了威權政治年代之後，臺灣公民運動風起雲湧，對於政治、司法、經濟的不公不義發出怒吼，展現公民不服從，對抗體制的行動。近年來更由於科技的進步，網路手機的普及，社會運動也出現結構式的改變。認同群眾主動串聯，擬聚共識，呼群保義，顛覆了傳統的政黨動員操作。從美麗灣事件、文林苑事件、核四案、大埔案、洪仲丘案、勞工休假及同婚議

題，公民運動無役不與，也樹立許多成功典範。但另一方面，在網路盛行之後，臺灣也進入人人想出頭，更想搶鏡頭的時代，下位者刷存在感，中位者刷價值觀，上位者刷歷史定位。無論是民眾、政客、利益團體、公益組織皆權利意識高漲，爭取利益寸土不讓，執著己見當仁不讓，缺乏互信及理性的討論空間，形成另類的「階級鬥爭」，也造成公權力式微，法律制度蕩然，專業權威崩盤，政府效率低落的種種社會病相。雖然說獨裁是「說一不二」的體制，民主是「說三道四」的社會，但我們如珍惜得來不易的自由民主，就應該體認自由的真諦是自律，民主的真諦是法治，而權利的真諦是責任。

　　臺灣在八〇年代才從經濟的全力發展，轉而注重環保及社福，以打造一個永續、均衡與安定的社會，可以說是一個現代國家正確的發展方向。但是由於選票及政權的考量，社福旋即遭到政黨及政客的濫用，為了兌現選舉時胡亂開出的支票，也為了報答利益團

體的支持，把政策當印鈔機，把國庫當提款機。於是社福津貼競相加碼，錢坑法案與蚊子場館充斥，國家財政竭澤而漁。現在社福預算占全國總預算24%，高居第一，四千六百億比二十年前成長了三千億，嚴重壓縮了教育科研與經濟發展預算。而當產業與經濟無法支撐虛胖不公的社福時，就會如「歐豬五國」，從期待的「均富」社會淪為「均貧」社會。今日臺灣若仍任由利益綁架政策，權力壟斷資源，民粹反制專業，媒體操弄仇恨，很快的會由華人的民主典範淪為負面樣板。

　　法律是國家權力的體現，也是維持社會秩序，維繫社會穩定及適應社會變遷的工具，其本質是道德及是非的判斷。臺灣社會長期無法信任司法，一方面是「有錢判生，無錢判死」，「法院是國民黨開的」的既定印象，權貴與黨派的幽靈一直纏繞著司法。一方面也由於檢察官自由心證的「不當羈押」，法官脫離社會常識的「恐龍判決」。其他更深層的原因包括

政黨惡性競爭，縱容非法抗爭，立法品質粗糙，修法牛步緩慢，經濟要犯縱逃，司法過度社會化及政治化等。而民眾權利意識無限上綱，濫用司法，臺灣幾乎沒有不可「告人」之事。廣義的司法系統包括警、檢、審、辯皆案牘勞形，疲勞不堪，嚴重影響辦案品質。法治教育的強化及社會良善風氣的培育實是當務之急。一九九九年的司法改革成效不彰，淪為笑柄。期待小英政府在「轉型正義」與「年金改革」後的第三支箭的「司法改革」，能夠真正打破高牆，廣納民意，集思廣益，營造一個能回應人民期望，保障人權，維護社會正義，並且專業透明的司法體制。

臺灣環境的永續與崩壞

　　臺灣因為二戰的破壞，戰後又有大批軍民來臺，物資短缺，民生凋敝，惡性通膨，百業蕭條。一九四九年後，政府改革臺幣，實施「三七五減租」、「公地放領」、「耕者有其田」等土地改革。而由於韓戰爆發，提升了美國對臺灣戰略之重視，一九五一年起開始對臺提供經濟援助。臺灣從一九五三年至一九七六年，連續實施六期的「經濟建設四年計畫」，其重點在增加農工生產，促進經濟成長，改善國際收支。一九六〇年設置第一個工業區「六堵工業區」，一九六六年成立「高雄加工出口區」，王永慶先生於一九五七年創立「臺灣塑膠公司」，這些勞力密集工業帶動臺灣經濟起飛，躋身「亞洲四小龍」。其間尹仲容、

李國鼎、孫運璿諸先生的運籌擘劃，實功不可沒。

　　一九七三年第一次石油危機，政府開始啟動「十大建設」，而完成後所發揮之效益是臺灣邁向現代化國家的動力。一九七三年成立「工業技術研究院」，一九八〇年設立「新竹科學園區」。加工出口區與科學園區陸續運作，高科技產業興起，臺灣一舉成為電腦資訊生產大國，並躍升為全球十五名內的貿易國。而這些成就如處在公民及環保意識高揚的今日，就根本不可能發生。而由於全球化與世界經濟高度分工的趨勢，勞力密集，環境汙染高的工業化就會轉向工資便宜，人力資源豐富，又稍具工業基礎的國家，中國大陸及東南亞遂成「世界的工廠」。人類隨著資本主義，欲望不斷增加，恣意汙染及破壞環境。而先進工業國家就能「眼不見為淨」的逃避區域性的影響，將汙染產業外移，建立起帝國的經濟體系。

　　人口快速增加，資源消耗快速，環境嚴重破壞已經改變了地球。生物多樣性的喪失，環境汙染及暖化

所成的氣候變遷都是「全球性」，沒有任何國家和個人可自外這樣嚴峻的考驗。我們現在居住的是「人滿為患」、「廢棄物滿載」、「資源有限」與「極端天氣」的世界，必須恪守的規則也不一樣。「永續發展」強調環境、經濟與社會三條基線（triple bottom line）的兼容並顧。唯有痛下決心，採取行動，確保我們的行為不會超出目前環境系統的「安全運作」範圍。如果不改變我們目前思維模式與生活方式，我們無可避免會面對災難性的變化，最後釀成全人類的悲慘結局。

　　臺灣地處歐亞大陸板塊與菲律賓海板塊的聚合帶，構造運動激烈，地殼上升速率極快，很容易形成破碎地質與嚴重地表侵蝕，地形作用活躍。再加上四面環海，位於太平洋火環帶地震與颱風最密集地區，被列為複合性災難最高風險國家。近年來更由於人口密度增加，地狹人稠，可利用之平地不多，開發的壓力逐漸移向山地集水區，導致人的活動與山崩緊密聯結。天然災害包括風災、水災、震災、旱災、寒

害、土石流，而更常見各種組合的複合式災難，造成嚴重的安全危害，經濟損失，影響社會運作。這些常態性、經常性的災害已是臺灣的國安問題，需要全民與政府一齊努力，依據《災害防救法》，落實各種防災、救災與減災工作。

　　臺灣在二十世紀的百年氣候暖化速率約為全球平均值的二倍，每人每年二氧化碳排放量的成長率高居亞洲第一，約為全球平均值的三倍。若以生態足跡的概念換算，臺灣碳足跡的總合逼近四千公頃，意味著一年所排放的碳需要十個臺灣大小的森林才能吸收。臺灣以一當十，對全球碳排放之貢獻名列前茅，已成為國際惡質公民的代表。而各種科學證據皆顯示，臺灣的氣候正處於巨大的變遷中，我們所處的環境，從水資源，海洋到空氣，水土保持，地層下陷，生態失衡都面臨前所未有的挑戰，「惡名昭彰」的臺灣已進入大崩壞的前夕，若不能及時醒悟，懸崖勒馬，到了「惡貫滿盈」，必將悔之不及。環保教育的加強，環保

意識的深化，環保行動的落實自是當務之急。而政府與企業都必須承擔更大的政治使命與企業責任。無論是拚經濟而破壞山河，為選舉而胡亂建設，救股市而鼓勵浪費，都將使脆弱不堪的臺灣環境加速沉淪，而成為歷史罪人。

「能源」是當今人類永續發展的關鍵因素。整體而言，工業化、全球化的經濟體系高度仰賴廉價的石油、煤、天然氣等化石燃料以及核燃料。在臺灣，化石燃料更高占所有能源總供給量的91.3%，而97%以上的能源皆仰賴進口。而國際能源的供給存有許多政治及經濟因素的不確定性，充分掌握能源消費變動以及有效率使用能源是政府無可迴避的重大議題。而核能雖是乾淨能源，但其安全性卻受到高度的質疑。臺灣一旦發生核災，「一刀斃命」的後果將比暖化造成複合式災難的「凌遲至死」，更為慘烈。

近年來，許多已開發國家也切身感受到全球暖化所造成極端天氣的可怕，相繼推出減排政策，並致力

減少能源消耗，提升能源使用效率。再生能源包括太陽能、風力、水力、地熱及生質燃料，僅占臺灣總能源不到1%。太陽能及風力發電成本極高，效率未達預期，技術未臻成熟，需要政府更多的補貼扶植，才有望更加普及。而生質燃料不但會導致糧荒及水資源短缺，其產生的氧化亞氮（N_2O）亦會造成溫室效應。人工水庫則易造成淤泥累積及蓄水量不足。而能源效率措施，包括合宜住宅、工商業、製造業等的各種技術研發，如省能照明及空調系統，可有效降低能源需求及高峰電力乘載負荷。但因成本較高，價格昂貴會影響購買意願。政府應雙管齊下，有效利用強制及獎勵雙重推廣機制，以達節能目的。

　　無論是斯密（Smith）倡議的市場機制，以及凱因斯（Keynes）主張的國家調控經濟，都在全球化浪潮及金融海嘯中應聲破功。我們賴以生存的地球已無法支撐二百年來一直帶動人類不斷追求成長的經濟模式。熊彼得（Schumpeter）認為資本主義有創造性破壞

的特色，成為當代經濟轉型的關鍵思維。在現在的國際產業分工體系中，發展中國家以人民健康，環境破壞，生態失衡，資源耗損為代價；而先進國家則造成大量基層勞工失業，社會衝突加劇。兩造都殊途同歸的製造少數經濟貴族及多數被剝削的魯蛇（loser），成為「一個國家，兩個世界」。根據慈善組織「施樂會」（Oxfam）報告，全球前八名富豪財富總額，相當於較貧窮三十六億人，全球約五成人口的總收入。這是個「富人逃稅，到處可逃；窮人逃命，無處可逃」的兩極世界。

從英國的脫歐公投到美國川普勝選，顯示反全球化、反菁英及反體制的民粹浪潮已蔚然成形，勢不可遏。歷史何其弔詭，以往經濟鎖國的中國正在以「一帶一路」、「亞投行」策略進行經濟擴張，以解決內部產能過剩問題；而以往經濟全球擴張的美國，卻可能進行經濟鎖國。全球經濟面臨低成長及保護主義的夾殺，產業鏈的分工體系必然鬆動。假如先進國家回

頭搶食製造端工作，以解決其內部就業及分配的問題，勢將引起新興國家的反彈與報復，而資源及能源極端缺乏的臺灣必將首當其衝。政府規畫經濟政策四大目標包括就業、創新、分配及永續發展；五大創新研發計畫包括智慧機械、亞洲矽谷、綠能科技、生技醫療及國防產業。其目的在調整產業結構，帶動產業轉型。而目標的達成必須建立在教育、經濟、社會及政治系統性的全方位轉型及優化，同時兼顧經濟競爭力，環境保護及永續發展，才能引領臺灣成為全球經濟板塊挪移的贏家。

重金屬如砷、鎘、汞、鉛都具有難分解性及生物累積性，不但會長期汙染環境，對人體也會造成難以回復的急性和慢性毒害。而接觸多氯聯苯、戴奧辛、航空機油、殺蟲劑百滅寧（permerchrin），塑膠和烴混合物都有致癌風險。近年來，表觀基因體學（epigenetics）發現表觀基因組能因應環境的變化而迅速改變，透過「DNA甲基化」（DNA methylation）及

「組蛋白乙醯化」（histone acetylation），關閉或開啟基因，因此致癌風險之提高可禍延幾個世代。我們若不願意後代子孫生存在極端天氣所造成的水深火熱，及環境汙染所造成的極度毒害環境中，戒除成長迷思，減少物質欲望，追求心靈充實的生活模式，回歸到較耐久，資源耗損較少的區域性經濟結構，才是真正的救贖之道。

臺灣醫療的美麗與哀愁
· · · · ·

　　早期臺灣是以漢方草藥與民俗醫療為主的傳統醫療。直至一八五八年，清廷戰敗屈辱的簽下「二次天津條約」，卻是開啟臺灣現代醫療的契機。臺灣現代醫療包括教會醫療，日治殖民醫療到光復後的醫療體系。馬雅各醫師、馬偕牧師、蘭大衛醫師、盧加閔醫師等是「奉神之名」教會醫療的拓荒者，臺灣現代醫療的啟蒙者，更是「人道典範」。而日治殖民醫療奠定了臺灣現代醫療的堅實基礎，倡導生物醫學的行政長官後藤新平，臺灣醫學校的創校校長山口秀高，醫療衛生政策制定者高木友枝，半世紀奉獻臺灣醫療及傳染病的崛內次雄，都有無可磨滅的貢獻。

　　追隨前人的基礎和精神，光復後的醫療發展更

是與時俱進，從臺大、國防系統的領頭羊，大型財團法人及宗教醫院系統相繼成立，臨床醫療已與世界水平等量齊觀。而臺灣的「公共衛生」，「預防醫學」，「健康促進」，以至於一九九四年開辦的「全民健保」，不但都是世界典範，也將國民的平均壽命從二戰前的四十多歲提高到近乎二倍的奇蹟水平。從早期瘧疾絕跡，防癆成效，烏腳病防治，到現在小兒麻痺根除，啟動肝炎實驗計畫大幅減少肝癌發生率，以及各種尖端手術，器官移植，骨髓移植，影像、病理、基因診斷等，無一不是臺灣現代醫療對人民、社會及國家所作出的傑出貢獻。但不可諱言，早期臺灣之醫療發展過程中也確實出現許多弊端及陋習，例如紅包文化、保證金制度、醫藥掛勾、開刀浮濫，如今隨著教育的進步，民智的開展，醫療的普及與倫理的強化，都已改正或改善。

　　全民健康的上路，使政府搖身一變，從醫療體系規畫及醫療法規制定的傳統角色，加碼成為價格制

定者，醫療服務購買者以及消費者代理人的多重角色，既是球員也兼裁判，從此一統天下，一家作莊。以「公共衛生」觀點所勾勒出的健保理想是以最少且有限的資源，照顧全民所有輕、重症需求的最大效益，並能兼顧公平正義的分配。但這種「醫療社會主義」的理想缺乏成本效益概念、付出所得的市場正義與人性考量。政府以經濟手段來達成政治目的，以社會福利定位來經營健保，為了政黨利益及選舉考量，不敢大幅提升保費，就必須藉由事後核付，同儕制約，總額折付，總額預算，卓越計畫，診斷相關群組（diagnosisrelated group，DRG）等的設計與政策層層管控以杜絕醫療浪費。

醫院為了生存發展，以追求利益為導向，否則無法改善醫療設備，聘請優良醫師，促進研究發展及教育提升，必然會在「市場機制」，「評鑑賽制」及「醫療軍備競賽」下出局，其營利邏輯勢所必然，理所必至，並非個人意志或道德要求所能轉移。而健保藥價

支付制度更將藥廠、醫院、健保形成一道難解的「三角習題」。「藥價差」竟然成為臺灣醫院最主要的利潤來源，特別是議價能力超強的醫療大戶。健保局先後祭出九次「藥價調整」，藥品單價年年調降，但藥品總額卻逆勢上揚，年年成長3%。「以藥養醫」誘導了醫療行為，變相鼓勵醫師多多開藥。臺灣年藥費支出高達一千一百億，占健保總支出的25%，遠高於美國的15%。臺灣人民特愛吃藥，其中很多是「便宜藥」、「不必要的藥」，不但傷身，也造成許多不必要的浪費。

　　臺灣健保跨過二十年，依然「物美價廉」，舉世稱頌。但低價的醫療保險又要「普度眾生」，難免輕重不分，首尾難顧。政府無法徹底落實疾病預防及健康促進，「老年化」使疾病變成慢性且多重，複雜且多變，癌症更居高不下，造成醫療沉重負擔，甚至助長無效醫療。涵括輕症，但無法教育改善民眾「一卡在手，橫行無阻」心態，重複診療造成大量浪費。在醫院實施「服務計酬制」（physician fee）的推波

助瀾，變相鼓勵醫師「供給創造需求」，營造診治的「假性需求」，違反實證醫學原則，進行許多不必要，甚至有害的檢查與治療。而必要、有效及重症的醫療反而被嚴重排擠。根據健保署資料，臺灣加護病房總計有七千多床，但一旦發生重大疫情或大量傷患時卻又一床難求。因為真正有足夠專業人力配置且能有效運作病床不足三千。高品質的重症醫療成本高昂，但給付偏低，加上訓練長、技術高、勞力重、自由少、風險大、責任重、賠償多、收入低，醫學畢業生很理性的「避重就輕」。臺灣重症醫療體質崩壞，人才斷層，自身淪為「重症」，絕不是危言聳聽。而當「一例一休」實施，醫師納入「勞基法」，人力缺口加大，重症醫療與偏鄉醫療會更加乏人問津，雪上加霜。

　　生老病死如同時序的春夏秋冬一樣是自然法則。疾病的成因非常複雜，有的固然是意外發生，但更多的由於先天因素，後天的生活習慣及環境因素交錯而成。醫療人員不可能治好（cure）所有的病，挽救所

有的生命，但必須以真誠關懷的心，全力以赴照顧
（care）病患，減緩痛苦並膚慰（comfort）心靈，才是
天職本分（core value）。而醫療爭議的發生，也許確
有少數是醫療疏忽。但更多的是病情複雜，變化難以
掌握；醫療效果及其衍生的副作用都有不可預期性；
但也可能是醫病溝通不良所致。醫療人員必須具有同
理心，在醫療專業知識不對等情況下，有耐心與愛心
的讓病患及家屬參與醫療過程，清楚說明及真誠溝
通，以減少醫療爭議事件發生。

　　以往的臺灣醫療資訊更不對等，但醫病溫馨，互
動良好，同舟一心，共抗病魔，最重要的原因是醫病
互信，同理感恩。現代病人的消費者權益高漲又缺乏
足夠理性，在媒體及黑道的推波助瀾下，醫病關係猶
如「吳越同舟」，互相猜忌，彼此提防。根據臺灣急
診醫學會統計，高達九成的急診醫療人員曾遭到病人
或家屬暴力威脅及傷害。而從憲法到刑法、民法及各
種醫療、衛生、福利法規衝擊傳統的醫學倫理，也使

醫病關係更加複雜。現在的臺灣沒有不可「告人」之事，又是唯一以「刑法」來伺候「大夫」的國度，醫療「除罪化」遙遙無期。曠日彌久的司法過程與內外壓力，使許多有「良心」的醫師逐漸「涼心」，成為醫療的「漸凍人」，也使許多「傑出」的醫師選擇「淡出」，成為醫療的「邊緣人」，這絕非全民之福。而醫師為了自我保護，常常採取「防衛醫療」（defense medicine），表面上減少糾紛，而實際上對病患貽害更深。醫病缺乏互信，醫師無法專業自主，堅守醫療初心，將使醫病共蒙其害。

臺灣的醫學教育長年來吸收國內最優秀的人才，被喻為是「人才黑洞」。而各醫學院校也都投入最大教育資源，努力在教學架構與課程設計上，更重視價值觀的建立，培養主動學習，終身學習的態度，加強邏輯思考與臨床技能的訓練，提升人文素養與溝通合作的能力，希望新世代醫師能適當應用科技而不受制於科技，重建診療信心，再建醫病關係。臺灣醫

學教育改革的努力已被美國承認為「等同美國醫學教育」。而畢業後成為住院醫師，專科醫師，主治醫師及次專科醫師更是一連串的考驗與磨練。醫療人員為不影響平日醫療工作，都必須在假日不斷參加再教育的課程與訓練，更使臺灣的醫療水平與時俱進。臺灣的醫護人員無疑是最辛苦，最精進，不斷自我提升專業能力以嘉惠病患的族群。

筆者曾在國內外三所醫學院行醫及任教。在醫學系的「授袍典禮」及護理系的「加冠典禮」，都如雷貫耳的聽到神聖莊嚴的誓詞，看到準醫師與準護理師臉上洋溢著聖潔的光輝。但令人沮喪的是許多醫護學生從「醫學教育」的學校進入「醫學交易」的職場後，以很快的「半衰期」，從「理想主義」變成「現實主義」，再變成「生存主義」、「機會主義」，甚至「虛無主義」。醫學系的「五大皆空」及護理系的「人才流失」，不但是最嚴重的社會問題，也是最深刻的教育挫敗。造成這樣結果的根本原因是現在的醫療人

員面對排山倒海的醫療知識，日新月異的診療科技，由上而下的業績壓力，無限上綱的醫療責任，紛至沓來的評鑑考核，精力被耗盡，時間被排擠，成為健保制度壓榨下，血汗醫療的受害者。再有使命的醫療人員也只能選擇逃離重症及高風險科別。

　　臺灣醫療「美麗」的外表下，潛藏太多的「哀愁」。美麗只能讓別人有眼福，不一定會給自己帶來幸福。臺灣的健保僅占 GDP 的 6%，卻能照顧到 98% 的國民，並能維持一定水平，誠屬不易。但市場機制及齊頭式平等的設計衍生了許多問題。是否提高保費及如何合理分配的多方爭議下，也使健保體制與體質產生了結構性腐蝕及崩壞。健保的改革宜重新檢視定位問題，也須設計出兼顧社會正義與醫療專業精神的體制，將醫療市場及醫療行為導向良性競爭的軌道。民眾若能「心寬念純」、「少慾知足」，照顧好自己身心健康，並能「甘於吃虧」、「樂於吃虧」，減少不必要的醫療浪費，才是真正的兩全其美，善莫大焉。天

下絕對沒有一個完美無缺而可以兼顧到所有人立場和利益的健保。一個能永續經營的健保是保障全民健康的基石，它的良窳反映臺灣醫學倫理、醫學教育，醫療人文，政府管理效能，機構社會責任及全體國民素養，需要大家共同解決問題，一起承擔責任，並以能提升品質，人性化的醫療為目標，才是國家之幸，全民之福。

臺灣教育的生態與心態
· · · · · ·

　　在日治時代的尾聲，臺灣義務教育的普及率已逾
七成，在亞洲僅次於日本。戰後的國民政府一樣重視
教育，在「勸導」、「警告」及「罰鍰」三管齊下的策
略下，於一九五四年正式突破九成。一九六〇至一九
八〇年代，戰後嬰兒潮使人口劇增，每年小學生常突
破二百萬人，臺北市老松國小及臺北縣秀朗國小都曾
是超過萬名學生的「萬人小學」。而同時期升學壓力
驟增，惡補風氣盛行，沒有人願意輸在「起跑點」。
但大部分小學畢業生仍然無法升學，學制改革箭在弦
上，催生出一九六八年的「九年國教」，而此時臺灣
已達「一鄉鎮一初中」的預備目標。九年國教實施
後，初中改稱國中，國小升學比例逐年增加，一九六

六年為59%，二〇〇九年高達99.7%。

　　技職教育方面，日治時代只有農、工、商、水產四類職校，而於一九五六年增設醫事、家事、美工、工藝、新聞等科目。高教方面，一九五〇年代，政治大學、東吳大學、清華大學、交通大學、中央大學先後在臺復校；東海大學、中原理工學院、中國醫藥學院、實踐家專陸續創辦，臺灣大專學校從日治時代五所增加至二十多所。一九五四年舉辦第一次大專聯招，錄取率只有兩成，一九五六年降為18.5%，一九六〇至一九九〇年代平均為30%。臺灣從困頓到繁榮對教育之重視與觀念始終如一。政府採取低學費政策與公平的聯考升學制度，實施九年國教，加上對技職教育的重視與推廣，諸多決策符合當時社會與經濟發展需求，造就了臺灣人力品質大幅提升，也促進經濟與產業飛躍式成長。

　　而隨著臺灣政治解嚴，經濟發展與社會多元，教育也逐漸走向民主，多元開放。曾幾何時，培養無數

人才，造就臺灣政治奇蹟的聯考制度被指責為「升學主義」與「文憑主義」的始作俑者，背負著考試領導教學，學習功利導向，五育無法均衡發展的罪名。一九九四年，「臺灣教改會」正式成立，教育改革聲浪高漲。「四一〇教改運動」，三萬名中產階級走向街頭，提出教育鬆綁，廣設高中大學，暢通升學管道等訴求。十年間，臺灣大學生由三十萬人激增至一百零四萬人。由於專校大量改制，大學從二十三所擴增至一百二十四所，大專院校總數達一百五十九所。其中公立大學增加三十三所，學生增加十五萬七千名，私立大學增加六十八所，學生增加五十七萬八千名。形勢逆轉，私大總數從35%成長為61%，學生數從58%提升為73%。公立大學的生師比在十年內從十六點三上升到二十六點二，之後持續攀升到三十點九，私立大學生師比也從二十四上升到二十六點三，之後持續升高至三十點八。

臺灣教改倡議「全民受教權」、「全民高教化」，

立意良善。但不幸由於錯置了時空與背景，無視於生育率的逐年下滑，錯估了情勢與人性，無論是家長、老師、學生，對「升學主義」、「明星學校」根深蒂固的價值觀沒有改變，確是失算。教改十年後，臺灣二十歲單齡人口的淨在學系超過70%，遠超歐美及日本。廣設大學，加上「少子化」，大學錄取率節節升高，二〇〇八年突破97%，也造成「高學歷高失業率」現象日趨嚴重。二〇一五年，全臺失業率為3.9%，大學以上程度失業率卻高達4.9%。根據近年大專院校畢業生之調查，約有四分之一的大學畢業生自認所學與所用不符。同樣的，很多企業家也認為現今大專畢業生能力不符合企業需求。而根據勞動部的資料，二〇一六年一至四月間，整體求供比為一點九三，即每位求職者平均有一點九三個工作機會。但大學以上學歷卻僅有零點五五個工作機會，呈現「勞力過剩」的現象。再加上起薪普遍低落，年薪增幅度停滯不前，「失落的世代」已成為臺灣面臨最嚴峻的問題之一。

教育是國家的百年大計，也是人類的希望工程，更是最大效益的投資。人力素質的提升對整個社會有正面效益，高等教育理論上為社會帶來公共利益，也有促進社會階級流動，實現社會正義的功能。而在臺灣，能進入公立大學多半來自家庭社經背景優勢的家庭，但卻負擔較低學雜費的「反重分配」現象。公立大學學生不到私立大學的一半，但政府投注經費約為私立大學的二倍。申請就業貸款的學生接近百萬，大部分為私校學生，可見在現行高教制度下，學生不但無法獲得改善生活品質的機會，反而因求學而背負更沉重的經濟壓力。若說歐洲的高等教育是公共化，美國的教育是商品化，臺灣的教育可以說是世襲化。

　　大學數量的迅速擴張，大量技職學校的升格改制，造成教育經費的稀釋，教學品質的低落，同時也埋下基礎技術消失的隱憂。但弔詭的是全面廣設大學，但在全球化激流的衝擊下，臺灣人才庫也面臨枯竭的危機。為什麼號稱「希望」工程的教育在大量製

造「失望」？為什麼產學的鴻溝如此深不見底？二十一世紀是知識經濟的腦力時代，先進國家的產業以高產值的創造性工作為主，機械與人力處裡工作為輔。而臺灣的產業仍以毛利微薄的製造組裝、代工量產工作為主。薪資日日低落，失業節節上升，加上產業外移，忽視轉型，創新研發的相對漠視，都嚴重限縮了臺灣年輕人就業及發展的多元性。而教育同樣面對生存壓力及發展瓶頸。在象牙塔埋首研究的老師們只專注於自己的研究領域，不了解國際的趨勢與產業的發展，加上學術升等的僵化評比，都使臺灣在研發與人才培育上與產業、社會嚴重脫鉤。而更有甚者，臺灣已是全球生育率最低國家之一。推估十年後，大學新生人數不足十六萬名，招生缺額高達十四萬名，許多大專院校退場，流浪教師大量湧現已是勢不可擋，不但是人才虛耗，更是嚴重的社會問題。

人工智慧（Artificial Intelligence，AI），物聯網與服務聯網（Internet of Things and Services），網宇實

體系統（Cyber-physical System，CPS）的快速進展帶動了第四次工業革命。未來包括醫療、教育、運輸、金融、法律、製造及服務業都會面臨重大變化。而未來新生的職業也非目前所能想像，傳統職業可能會相繼消失或轉型。雖然我們對教育投入大量資源，但多數學生仍欠缺面對未來工作必備的能力，也不足成為掌握資訊，領導潮流的人才，甚至要成為明辨是非，快樂善良的公民都有困難。面對現實冷酷又變化無常的全球化競爭，教育體系必須培養學生終生學習，獨立思考，創新求變，資訊溝通及生活適應能力，為未來的人生做好準備。而教育不應侷限在校園，家庭教育及社會教育的前後銜接，環環相扣，至關重要。唯有全民教育心態的翻轉才能帶動政府及教育體制的改變，臺灣的教育改革才有成功的可能。

　　隋唐開創的「科舉制度」，使漢民族更加重視「名教」，以「考試」為晉身之階，以「讀書」為登龍之道。雖然打破「封建制度」，公平取才，但也扼殺

了多元思維，逐漸形成集體的負面人格，欠缺獨立的思考力及卓越的行動力。從古代的「功名」到現代的「文憑」，都是為了出人頭地，光宗耀祖，驅使學子順從的往相同方向前進，爭分數、競排名、逐學位，封閉了生命其他的可能性。而制式教學與標準化測驗只能提高或衡量學生背誦及演算能力，而無法培養新時代最需要的創新思維及解決問題能力。升學掛帥的功利主義使成績不佳的學生成為社會的魯蛇，在制式的教育漩渦裡虛耗時間，抹殺才能而無法翻身。而對學歷的信仰，對分數的迷思也成為學業優異學生最聰明的逃避法則，容易造成情緒障礙，難以面對社會，適應職場壓力及變化。真正的多元價值在於實質平等，相互尊重，有差異而無高下。培養真實才學，而非追求虛榮學歷，教育才能真正轉型，產業才能升級，國家也才能提升競爭力。

　　近代臺灣一方面陷入商品化的「市場正義」，病人與學生都淪為「顧客」，神聖的醫療和教育事業都

成為「對價」關係，醫道倫理與師道尊嚴已隨風而逝。而另一方面又是假平等的「社會主義」，教育主管機關「防弊重於興利」的層層管控，也使學校往「同質化」方向前進，無法發展特色。無論是自由派學者主張的「教授治校」或董事會的營利目標，都因「人」的問題，使學校的管理與制度弊端層出不窮。臺灣最大的問題是既無法「自律」，也缺乏「互信」，而應培養學生「自律」與「互信」的教育界也是如此，不禁令人浩嘆。「十二年國教」不應是為改革而改革，而應真正的落實生活教育、生命教育、美學教育、法治教育及群體教育以開發自我，建立自我，培養自我學習，自我完成的能力。而大學應致力培養學生專業知能，獨立思考，跨專業及創新能力。而高教應朝菁英攻頂，還是提升平均品質？學費應嚴格管控還是尊重市場機制？供過於求的學校是否整併或退場？在有限的資源與重重的壓力下，教育部似乎舉棋不定，舉步唯艱，只能「以拖待變」。別說未來無法

控制，今日的任何「決定」與「不決定」對臺灣的教育都會有「決定」性的影響。非常時期必須有非常的做法，無論是強化境外招生或協助退場轉型，教育部都應該有明確的政策與周全的配套，若是持續的不作為，等到病人膏肓，恐將回「生」乏術。

臺灣媒體的任脈與督脈
· · · · ·

　　一九二三年，臺灣留學生於東京創辦了《臺灣民報》，是日治時代唯一由臺灣人發行，代表臺灣人立場的報紙，不但報導臺灣政治與社會運動，也刊載國際新聞，介紹世界思潮與新知，更提倡白話文，成為臺灣文學的新園地。一九三七年，臺灣作家楊逵創辦《臺灣新文學雜誌》，提倡漢文寫作，鼓吹民族自決，但毫無懸念的，只發行了十五期，便被迫停刊。

　　一九四九年，於國共內戰潰敗的國民政府，繼大陸地區後也宣布臺灣進入戒嚴狀態。國民黨為了區隔在大陸極權統治的共產黨，標舉自由和民主作為政權合理性的基石。受英美當代思潮的影響，來自大陸的知識分子包括雷震、胡適、殷海光等創辦《自由中

國》雜誌，一面反對共產主義，一面倡導民主和自由。其創社宗旨本意是做為知識分子與政治權力的溝通橋樑。但因國府以反共之名，大幅擴權，忽視基本人權，壓制言論與新聞自由，管制出版品，以及將黨組織深入軍隊及學校的種種作為，《自由中國》於是重申「五四運動精神」，論述自由、法治與理性的意義，成為政府芒刺在背，臺灣最有影響力的媒體。一九六〇年，雷震因鼓吹民主，籌設反對黨而被以叛亂罪逮捕並判刑十年，《自由中國》被查封。

在《自由中國》停刊後，李敖主筆的《文星》雜誌，再度捲起自由、民主、開放、批判的千堆雪，成為青年知識分子的精神支柱，但同樣的於一九六五年被迫停刊，李敖被判刑入獄。此後十餘年間，臺灣在「反共復國」的政治宣傳與意識型態的桎梏下，沒有正面挑戰當權者的政治刊物，政治評論逐漸沉澱。但這些民主先行者所播下之火種，餘燼未滅，自由主義只是沉潛，沒有消逝，更為八〇年代的反對運動提供

豐厚的理論基礎與行動綱領。挑戰政治禁忌的黨外雜誌風起雲湧，野火燒不盡，春風吹又生，終於催生了「民主進步黨」，並終結三十八年的戒嚴體制。主流媒體鞏固領導中心，維持社會安定的「政治正確」主旋律也畫下了休止符。

　　經濟、社會幫助我們在互動流通的人類社群中生存，法律政治制度則界定自我實現的規範與環境，以維持生存秩序。媒體是現代文明的產物，也是公認除行政、立法、司法三個政治權力以外的「第四權」，它不但是企業體，更重要的角色是一個力量無遠弗屆，無堅不摧的社會公器，必須負起高標準的社會責任及道德倫理。媒體傳播訊息，報導事實，分析時事，臧否人物，監督政治，捍衛價值，安定人心，催生文化，關懷弱勢，導正風俗，有許多社會功能與終極責任。媒體工作者必須要有高度的自律、自制、自我提升的能力及維護社會正義的道德勇氣，要能抗拒誘惑，無懼權威，客觀中立，獨立自主。要成為媒體

人，必先是知識人，文化人。

　　許多媒體前輩不顧身家性命爭取言論自由，政治也已開放媒體，容許言論及出版自由。但很遺憾的是當今的政治、媒體雙雙被公認為臺灣現代「社會亂源」的禍首。威權時代的媒體以「粉飾天下太平」為己任，扮演的是美容師、麻醉師、魔術師的角色；民主開放後的媒體搖身一變，以「唯恐天下不亂」為職志，從事的是製造業、加工業、修理業。追根究底，臺灣的媒體企業競爭激烈，面臨嚴重的生存壓力，加上專業素養與人文精神不足，很容易自我沉淪。小小一個臺灣竟有十家新聞電視臺，有線電視更是遍地開花，超過一百個頻道。為了衝收視率、閱報率可以無所不用其極。現代不但政治操控媒體，挾持民意，商業也利用媒體，置入行銷。

　　臺灣在「民主」轉型初期，「民粹」就很快的僭越篡位，取得論述霸權，變成媒體與政客的制式語言。無視於多元、包容、尊重、正義、理性的民主價

值，掌握發言權的人常為了黨派或政治利益，虛妄推論，對不同意見及立場的人濫行批判、抹黑，戴紅帽，穿小鞋。堪稱舉世無雙的「政論名嘴文化」常常肆無忌憚的超越專業界線，跨越法律紅線。在不守法律更不信任法律的華人世界，其「摘奸發伏」、「挖底刨根」的功能，滿足長期壓抑在心中「被迫害意識」的歷史殘留。但聲音之高亢，立場之鮮明，證據之薄弱，邏輯之謬誤，尊重之缺乏，態度之決絕，毀人之無形，撕裂了社會互信與和諧，排除理性討論之空間，破解了改革的正能量。有的民代出門如螃蟹橫行，有的名嘴出口如毒蛇吐信，臺灣的公職人員常受到民代與名嘴的內外言論殺戮，事實和是非難以釐清，政策和公務難以推行，也讓公務部門成為人才的墳場。政府機關慢慢的只剩爭權逐利，趨炎附勢，成黨結派的庸俗之輩，形成「反淘汰」，而長久以往，最後被淘汰的恐怕就是臺灣。

臺灣政治解嚴，但公民傳播權利並未因此受益。

臺灣科技產業馳名世界，但數位產業卻遠遠落後其他
國家，甚至不及後發先至的中國。其原因千頭萬緒，
包括媒體政策混亂、產業結構快速往私有化傾斜、主
流媒體受商業宰制、新聞及節目惡性競爭，都往煽情
化、綜藝化、政治化、反智化、商業化發展；廣受社
會惡評。公民運動在「動新聞事件」及「反媒體壟斷
運動」，曾參與推動媒體改革。媒體亂象成為社會亂
源，數位匯流以網路優勢打破畸形的媒體壟斷及環境
被寄以希望，它不僅是科技的創新與變革，亦直接影
響媒體產業與大眾關係。原來只是資訊接受者，角色
變換成了消費者與生產者，透過手機、網路等科技生
產訊息，再藉由網路平臺傳播分享。這種使用者自創
內容（user-generated content）改變了主流媒體的新聞
產製，依賴網路快速取得資訊，使工作節奏加速，新
聞內容話題導向。但網路素材不一定會增加新聞內容
的多元性，反而會衍生新聞專業與倫理的爭議性。

　　現代科技的網路快速發展顛覆了傳統媒體，打

開「自媒體」（We Media）的新大陸，成了翻轉世界的力量。網路科技邁入 Web2.0 環境，電子佈告欄系統（BBS）、部落格、微網誌、共享協作平臺、社群網路讓每一個人都具有媒體、傳媒的功能，隨時可向不特定的人群與特定的人群傳遞訊息。無論是公民、機構或個人新興媒體的形式都可統稱「自媒體」。源自北非的「茉莉花革命」是一場透過「臉書」、「推特」迅速形成的一股難以抵擋的洪潮，也是當時一場舉世稱頌的人民自覺運動。解放了突尼西亞與利比亞，推翻了埃及獨裁政權，卻帶來更多的動亂與殺戮，演變成舉國動盪，宗教傾軋，社會仇殺，民生凋蔽。劣化質變的革命結果，已正式宣告茉莉花的凋萎。網路群眾運動勢不可擋，固然可以推翻強權，改變不公不義的體制，但禍福難料，一旦暴衝也可能破壞社會秩序，造成公權力的式微，專業威權的崩盤，法律制度的解體。

英國脫歐公投的意外過關與美國川普的暴冷勝選

都證明了在這個網路世代，人民製造真實和真相的力量首次超越了主流媒體，也印證了一九九二年《牛津英語大辭典》所提新字「後真相」（post-truth）的預言。「後真相」的意思是「客觀事實對於形塑輿論的影響力，比不上訴諸情感與個人信念的情境」。主流媒體根據理性邏輯及統計分析界定真相，但網路世界卻是一種具變化性，可操作性，感情性和信念性所建構的真相。兩種真相彼此競爭是為「後真相時代」。現在大量的資訊透過電視與網路，排山倒海傾瀉而出，淹沒在訊息的人們根本無法反思價值，也無法分辨真假。特別是社群媒體和網站皆勇於評論批判，卻拙於事實驗證，形成觀點過多，事實不足。網路是一個是非很多卻又沒有是非，真相很多卻又很少真相的通路，很容易成為帶動情緒和瓦解真相的利器。網路鄉民們常無能分辨訊息的可靠性，卻自以為是真相的傳播者，成為有心人利用的工具。而網民在「同溫層」裡相濡以沫，對異見者相煎太急，形成言論殺

戮。真粉絲、假新聞或假粉絲、真謠言；當「粉」有「力」，powder 成為 power，很容易顛覆了社會正義、普世價值。

在臺灣的年輕族群中，有超過九成使用網路，隨著科技的進展，人際關係也產生巨大的變化，也容易出現「網路成癮」、「訊息恐慌症」的心理症狀。網路的匿名性可以不讓別人知道自己現實的模樣，將自己形塑成一個截然不同的人物，把自己置身於一個虛擬世界之中。匿名與虛擬可以使人膽大妄為，自欺欺人，造成自己與他人的傷害，更容易淪為不負責任的傳播工具。如何區辨訊息的可靠性及提高網路發言的謹慎性是現代年輕人必須加強的「媒體素養」，也是學校教學必須重視的課程。在武俠小說裡，必須打開「任」、「督」兩脈才能練成絕世武功。以現代的語言，「任脈」是自由多元，「督脈」是理性自律。現代公民其實都是廣義的「媒體人」，「任脈」與「督脈」是否能夠「二開」，是臺灣能否真正邁入文明社會的

重大關鍵。

　　臺灣政客為達政治目的，常常不負責任的倡議「公投」。公投是認同的對決，而認同與分裂是一體兩面，一次的公投會造成一次的分裂，也會衍生不斷的公投。英國的公投結果就被批評是老年人決定年輕人的前途。公投比較能適用於地方性的單一議題，例如澎湖的「博弈公投」。而全國性的議題，像「臺獨公投」、「核四公投」，就會是民粹掛帥的媒體和尋求歷史定位的政客一起飆車，將國家與人民的命運綁架，奔向不可測的未來，是推卸責任或不負責任的行為。民主政治是庸俗政治，重大議題需要集思廣益，理性判斷及政治協商來找出共識及解決之道。將複雜難解、利弊難分的議題貿然交付訴諸情緒民粹、意識型態來一次決勝負，一翻兩瞪眼的公投，很可能是「自殺」公投。

臺灣宗教的出世與入世

　　宗教的定義紛雜多歧，從「心理的柺杖」、「基於人類社會本能的傳染病」、「帶有情感色彩的道德」、「訴諸超越的絕對力量」、「超人的控制自然或人類生命發展進程的安慰或調解力量」，到「與宇宙中無所不在的神，保持正常關係的有效驗欲望」，莫衷一是。在人類歷史的演進過程中，宗教與人類生活無法分離，其起源是基於人性的脆弱、矛盾、複雜、不完美及人生苦難的本質，對天地與大自然無比的敬畏。宗教的奧義有如生命一樣，深不可測。從遠古對外在儀式與神奇魔力的執迷，到現代重視內在靈性高層次的真理探索，追求生命無限的可能性。複雜的人類在日趨複雜的社會中，創造出日趨複雜的宗教體系。

宗教的基本條件包括信仰的對象、教義、戒律、經典、儀式、信眾與神職人員，而具神祕與莊嚴的氛圍也提供了不可思議的魅力，甚至超越文字，直指人心，不是只相信經驗與推理的科學所能論斷。自古以來，宗教便超越民族、種族、國家之界線，貫穿時空，對人類的思維與行為帶來莫大的影響。「一神論」的基督宗教、伊斯蘭教，「多神論」的印度教、道教，傾向「無神論」的佛教，將地球切割成幾個文化圈，推動時代的巨輪，滾滾前進。宗教的面貌不只一種，走向神的途徑也並非單行道。史學家湯恩比（Toynbee）認為正信的宗教有三種判準，一是承認人性的不完美，需要救贖或解脫，二是強調止惡修善，向人間罪惡宣戰，絕不同流合汙，三是認識人生是苦的本質，必須在苦難中磨練與修行。

　　國民政府播遷來臺之後，雖標榜宗教自由，但解嚴前的宗教政策是以「控管宗教」觀點出發，對於宗教團體的發展嚴加管理箝制，以免危及政治安定。一貫道

及基督教長老會都曾受到監視及查禁。解嚴後，人民的集會結社及宗教自由受到保障，政府對宗教派別的認可大幅鬆綁。臺灣傳統的民間信仰及神祇之豐富性及多樣性本來就冠絕其他社會國家，人民對宗教之態度更是多元、包容。民主開放後，臺灣宗教更是百花齊放，神壇廟宇林立，也衍生層出不窮以「宗教」為名的社會事件。

由在家人出資創建，經營管理的齋堂是臺灣傳統民間佛教的一部，信眾念佛、學佛、吃齋之戒律甚嚴。齋堂逐漸沒落，變身為廟宇。廟宇是臺灣鄉間的信仰重心，也是生活中心，社區核心，是人神共處，也是神鬼交會之處。臺灣民間的信仰是一個大熔爐，揉合各種宗教元素，常同時供奉佛教菩薩，道家神仙及儒家聖賢。神明有階級之分，每一種神明都有人祭拜。玉皇大帝、保生大帝、各種王爺、關公、媽祖都有很多信徒信仰。而在神明世界的基層有難以計數的地方神祇，通常從人，甚至動物、植物、礦物轉化為神。有些神明生前廣受信仰，往生後影響力更是無遠

弗屆。與靈界溝通也是廟宇的功能之一，乩童在催眠狀態下與神鬼交談，回答各種問題，也主動傳遞陰陽兩界訊息。而廟會慶典、神明出巡、鹽水烽炮不僅是年度盛事，甚至是世界級的嘉年華會。廟宇神壇在社會、文化、政治層面扮演的角色，是建立在宗教性質上，充分反映「神的人性（humanity）」。

十七世紀的大航海時代，隨著軍事、經濟的拓展與殖民，西方傳教士懷著傳播「上帝福音」的使命與熱忱，不畏艱難，前仆後繼地來到亞洲。在日本德川幕府時代，九州發生了「島原」與「天草」之亂，許多教士及大量信眾被殘酷迫害與殺戮，也導致二百多年的「鎖國」政策。電影《沉默》（Silence）就在描述葡萄牙天主教神父面對的「人性與神性交戰」、「宗教與政治衝撞」。而在同時期，傳教士活躍於臺灣，與殖民政權如影隨形。康德迪午士牧師在一六二七年於臺南成立第一個教會，他的著作《臺灣略記》後來被孟德斯鳩在其三權分立著作《論法的精神》所引用。明鄭覆滅後，臺灣

首度併入中國版圖，清朝頒布渡臺禁令，臺灣形同「鎖島」。直至一八五八年，《天津條約》解除了傳教禁令，西班牙神父郭德剛次年抵達高雄傳教。而基督教長老會的馬雅各、馬偕、巴克禮、蘭大衛、甘為霖相繼抵臺傳教、行醫、辦報、創立盲校。這些「以神為名」的宗教家從信仰中領悟神性自我，從行動中落實博愛教義，充分展現「人的神性（divine）」。臺灣基督宗教信徒現今近百萬人，在政治發展中扮演重要角色，大部分屬於高社經地位，高教育程度族群。

臺灣廣義的佛教徒估計有六百萬，宗教信仰圍繞著體制化組織化的佛寺廟宇或佛教團體。二戰之後，島上佛教領袖放寬禁令，接納女性信眾皈依佛門，成為法師，領導僧團。臺灣三萬多名出家人之中，比丘尼約占四分之三，居世界之冠，令全球比丘尼為之欣羨不已。在中國明、清以降，佛教逐漸衰頹，淪為鬼神、功利、經懺、獨善的宗教。僧俗不分、佛道雜混、高談心性、空言解脫、遠離現實、逃離人生，民

國初年太虛大師痛感於此，提倡「人生佛教」，致力「佛教改革」，認為人格圓滿才是成佛基礎，但未竟全功。師承太虛大師的印順導師在臺灣以「佛在人間，以人為本」的精神，主張唯有淨心利他，慈悲濟世才能契合佛陀本懷，真正振興佛教。

印順導師的佛法理念，對臺灣佛教產生深遠及開創性的影響。他的弟子證嚴上人秉持著導師「為佛教，為眾生」的教示，於一九六六年在花蓮創立「慈濟功德會」，以佛法出世的精神，入世的悲願，應用現代經世致用的知識，從深觀的大智，廣行的大愛去實踐佛陀的教義，營造善的共振以改造外在的環境，提升人性尊嚴及人文素養。證嚴上人對宗教的定義：「宗是生命的宗旨，教是生活的教育。」充分傳達了佛法人間化的精神。慈濟的慈善、醫療、教育、人文四大志業遍及全球，被譽為是「臺灣的良心」。佛光山的星雲大師以企業經營的精神，成為全方位的佛教道場，向全球弘法。法鼓山的聖嚴法師推動「心靈環

保」，打造「人間淨土」，對改善社會風氣，提升心靈品質有很大的貢獻。「人間佛教」於臺灣生根、茁壯再回傳中國與印度，可以說是臺灣佛教的重大成就。

「上求佛道，下化眾生」，悲智雙運與二諦融通是「人間佛教」的精髓。「諦」是義理、真理。「俗諦」又稱「世諦」，是人類從世俗經驗上形成具有時間性、相對性、存有性的觀察事物原理。凡是一切有形的言說、偶像、儀式、救度、神通皆屬於「俗諦」。佛陀說：「一切世界始終、生滅、前後、有無、聚散、起止，念念相續，循環往復，種種取捨，皆為輪迴」，可見輪迴也是屬於「俗諦」，是世間的有為法，入世法。「真諦」又稱「勝義諦」，是由究竟、終極體驗而成，具有超時間性，絕對性的觀察事物原理，亦即是無為法，出世法。「真諦」蘊含於「俗諦」之中，是不可言說的。「俗諦」是實踐的過程，「真諦」是修行的目的。

隨著臺灣走向民主自由、多元開放、經濟繁榮的時代；人間佛教亦蓬勃發展，大放異彩。佛教所成立的

基金會、功德會、慈善機構、醫院、學校、媒體愈來愈多，而所倡導的心靈環保、生活環保及地球環保成功地引領社會風氣，其教化人心、利濟眾生的正面功能廣受肯定。開山大師們都是具有堅忍意志、廣大心量的偉大領導者，能帶領眾生到他們不一定想去，但該去的人間路，由生命走入生命，也讓信願成真。信徒的素質決定宗教的品質，正信的宗教信徒應在心靈上先淨化自己，才能展現淨化世界的力量；在能力上先提升自己，才能展現提升世界的力量。凝聚大眾愛心，廣行大悲精神的宗教，無疑的也會面臨許多內外挑戰。包括信眾愈來愈多，量變是否會帶來質變？自身的成功是否會陷入詹尼斯（Jonis）所說的不敢提出異見的「團體迷思」，而無法有效面對及解決問題，導致難以應付變局？證嚴上人無時無刻在惕勵弟子：「對的事，要做的更對；好的事，要做的更好」、「百尺竿頭更進步，十方世界現全身」，領導的作用不僅在號召更多的追隨者，也在培育更多的領導者，宗教志業也才能永續發展。

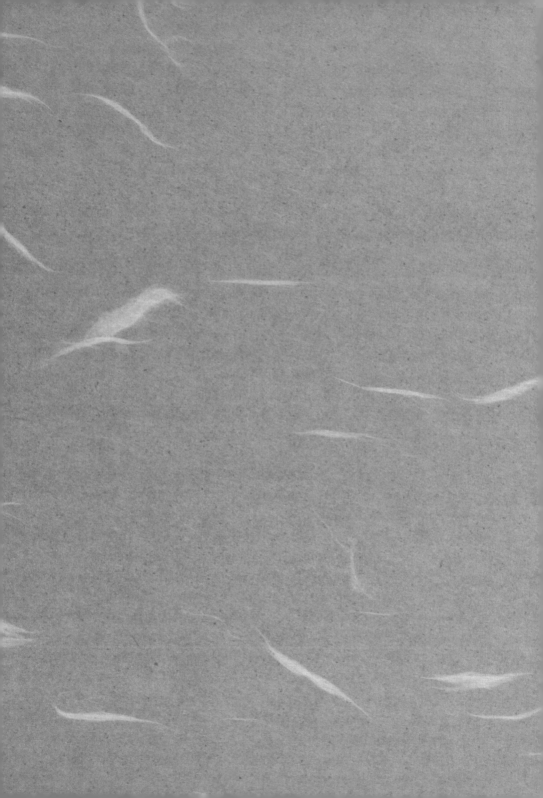

第二輯

時空篇

空有不二——本來無一「物」

時空雙宿雙飛 雙生雙滅

　　二十世紀前，包括愛因斯坦（Einstein）在內的科學家都仍堅信宇宙是「亙古常存，萬古不變」。直至一九二九年，美國天文學家哈伯（Hubble）的畫時代宇宙觀測，發現距離地球愈遠的星系，遠離地球的速度愈快，而推論出宇宙無論是時間，還是空間都處於不斷的擴張狀態之中。而近代科學家觀測超過五十顆超新星的亮度，也發現這些星體的光度比勻速膨脹宇宙模型中更為暗淡，同樣證明超新星以越來越快的速度相互遠離，宇宙正加速膨脹。

　　人類對宇宙的知識常是宇宙主動以光線的形式送上門來，讓我們認識的。自時間萌現時，就瞬間生成的光穿行宇宙，其中部分經過遙遠的旅程在今天

抵達我們，呈現輻射模式，稱為「宇宙微波背景輻射」（cosmic microwave background radiation），在一九六五年首先被發現，支持了「大霹靂理論」（big bang theory；Gamow，一九四九）。而在一九九二年，「宇宙背景探索者衛星（Cosmic Background Explorer）」首度偵測到微波背景在方向上具有細微的強度差異，這些不均勻與方向相關方式，符合了暴漲宇宙論（inflation universe；佐藤真彥，Guth，一九八一）與無邊界假說（non-boundary proposal；Hawking，一九八一）的立論。這些偉大的發現，共同勾勒出宇宙創生時的可能圖像。

　　宇宙根據「宇宙微波背景輻射」，推估約在一百三十七億年前，零時間與零空間為原點，隨著創造時空的同時開展，也開始「能量物質化」的過程，創造了宇宙所有的物質，也推演出地球所有的生命，不斷擴張成為無垠的宇宙。在宇宙萌生的 10^{-43} 秒（普朗克時間，Planck epoch）後的剎那間約 10^{-36} 秒到 10^{-34} 秒

之間，遠比基本粒子還小的微觀宇宙約10^{-33}公分（普朗克長度，Planck length），凝聚了巨大的真空潛能（potential energy），急速暴漲為10^{43}倍。在暴漲突然剎車，引發暴漲的真空潛能趨近於「零」時，瞬間由動能轉變為同等能量的熱能，在宇宙誕生後的10^{-27}秒後，引起大爆炸（大霹靂）。現在宇宙所有的物質材料皆由超高溫、超高壓的火球爆炸孕育而成。在暴漲結束後，轉為和緩膨脹，仍持續進行之中。

在科學尚未啟蒙的時代，很讓人驚歎的是古人的宇宙觀已然涵融時間與空間的二元觀念。西漢景帝時，淮南王所編著《淮南子》之〈齊俗訓篇〉對宇宙之定義：「往古今來謂之宙，四方上下謂之宇。」而佛經通稱宇宙為「三千大千世界」；《楞嚴經》對世界的定義：「世為遷流，界為方位。」同樣的也定位時空一體。

到了近代，牛頓（Newton）將時間與空間視為各自獨立的宇宙兩把量尺，以此作為探討物理運動的基

礎。愛因斯坦的「廣義相對論」，在究明時空與重力的關係，推翻了牛頓絕對時間和絕對空間的觀念。物體的質量和密度愈大，距離愈近，周圍時空彎曲強度愈大，時間流會變慢，空間也會縮短。時間與空間已無法分別思考，必須視為一體，我們居住在時空的四維相度之中。

「相對論」同時預言，在理論上宇宙應該存在無數的黑洞（black hole），後來也經由「X射線天文學」證實存在。在大質量的恒星發生「超新星爆炸」（supernova explosion）時，恒星核心部分物質會往內部推擠，形成黑洞。這種現象不斷進行，直至大小幾乎為零，密度無限大，連光線也無法脫出的「奇異點」（singularity）為止。奇異點可以說是黑洞的本體，也是時空的終點站。時空如影隨形，亦步亦趨，空間可視為靜態的時間，時間也可視為動態的空間，相依相存，相生相滅，海枯石爛，此情不渝。

時空一體，強大的重力場可以同時扭曲時空，但

時空不能畫上等號。我們與時間和空間的關係就有顯著不同，我們可以在空間的東南西北、上下左右自由移動。但時間只有一個方向，既無法回流也不可能重來。我們可以在不同的時間置身於空間相同的位置，但我們不可能在同樣時間，置身於空間中不同的位置。

從現代宇宙學，我們已瞭解時間在宇宙演化的過程中，同時展開了空間，形成各種物質，也演化出生命。時間既只有單一方向，所有宇宙中的事物與生命只能依著時間的方向，成住壞空、生老病死、生住異滅。但弔詭的是，所有這樣不住的代謝生滅，皆由於粒子、原子的運作。然而在量子的世界中，卻似乎沒有方向和時間，也沒有過去、現在和未來的分別。太虛大師說：「諸法剎那生，諸法剎那滅，剎那生滅中，無生亦無滅。」剎那即是永恆。

西元前，部派佛教「說一切有部」認為存在發生於「未來」，因為「現在」於一剎那便成為「過去」。若現在為「實有」，以其為來源的「未來」也

是實有，若「現在」會變成「過去」，則「過去」自然也是實有；以此思維，建立「三世實有」之說。而以現代物理觀點，「三世實有」可解釋為時間的本質是物質存在的一種型式，是物質運動和變化的持續性改變。而腦神經科學認為大腦能重憶過去、瞭解現在及預測未來。我們並非絕對的「活在當下」（here and now），而是活在過去、現在和未來時空的連續體中。而人類可能是唯一具備心智時空旅行能力的物種。但我們也必須瞭解，人類只是渺小地球演化之鏈的暫時勝出者而已，我們並不是宇宙時空的主人，而只是過客而已。

相對的，「經量部」與「大眾部」並不作如是觀，認為只有「現在」才是實有，「過去」與「未來」皆無本體。大乘佛教「有宗」的「瑜伽學派」則認為眾生的「識」是變現萬物的根源，「唯識所變」，主張「境無識有」。只有人類這樣的智慧生命才能認識宇宙，賦予時空意義。當我們意識清醒，「現在」理當與我

們如影隨形。所謂「過去」是「現在」儲存在我們記憶的事件，或者成為留存在「現在」的「過去」之歷史或痕跡，如化石、舊地層，仍屬於這個「現在」。活在當下，恆持剎那，則「永遠」不僅意味著無盡的時間，也能以「永遠的現在」之型式存在。

　　大乘佛教「空宗」之「中觀學派」，龍樹於《中論》以哲學辯證方式探討時間，提出「如果需要有存在者為先決條件，才有時間，那麼時間如何會與存在者獨立存在呢？」「若任何存在都源於空，那麼時間又如何存在呢？」的雙重質疑。從「八不緣起」的偈頌「不生亦不滅，不常亦不斷，不一亦不異，不來亦不去」，詮釋了「以有空義故，一切法得成」的主張，也可瞭解龍樹否定時間實存性的看法，但不否認時間本身。

　　從現代天文學，我們知道太陽距離地球一億五千萬公里。從太陽發射的光，每秒以三十萬公里行進，大約八分鐘抵達地球。也即是說我們「現在」看到太

陽的光，已是太陽八鐘前的「過去」，而太陽「現在」發射的光，將成為「未來」地球看見的光。而「現在」看見來自遙遠星球的光，可能是遠在地球創生之前就已經發射出來。而發射光之星球，說不定「現在」已灰飛煙滅。《金剛經》說：「過去心不可得，現在心不可得，未來心不可得。」也可以從科學得到印證。

空間的定義亦很難言說，是無盡的虛空？容納萬物的基礎？萬物之間的虛空？還是有形的實物？現代科學證實空間可以彎曲，可以擴張，可以產生波紋，比較像凝膠，具動態性的有形實物，甚至可能由空間的量子元素所構成。現代宇宙的理論模型，推論大霹靂是宇宙的起點，同時也是時空的始點。但霍金（Hawking）認為宇宙是從無法與空間區分的「虛數時間」開始的「無邊界假說」（no-boundary proposal）；高特（Gott）的「自我創生宇宙模型」，主張宇宙是從未來與現在循環的「時間迴圈」（time loop）開始的；施莫林（Smolin）的「迴圈量子重力理論」（loop quantum

gravity theory）推測宇宙是上一代宇宙收縮後產生的
大反彈（big bounce）；佐藤（Sato）的「宇宙多重發
生理論」也都假設宇宙時間之前還有時間。也有人認
為宇宙之空間實際上位於一個更大的超空間之內。
「時間殺時間」，時間之前是否有時間？「空間占空
間」，空間之外是否有空間？「身在時空中，不知時
空真面目」，也許才是我們真正的處境。

宇宙無始無終 無窮無盡？

　　宇宙在暴漲之前，呈現是什麼樣態，仍是現代科學家眾說紛紜的謎題。一九八〇年代，維蘭金（Vilenkin）及霍金（Hawking）發表「宇宙創生假說」。維蘭金從嚴謹的物理定律推論宇宙是從「無」到「有」。霍金也認為宇宙在極短的時間，能量大小不確定之變動中的「無」出現「真空漲落」（vacuum fluctuation），有些粒子可在瞬間擁有極大的動能，短暫的變身為超級粒子，竟可由於「穿隧效應」（tunneling effect），穿越能量高山的障蔽，因此主張宇宙沒有開始，沒有創生時刻。

　　而如此推論，毫無疑問地引起「神創說」宗教衛道者嚴厲的批判與撻伐，他們認為宇宙可以無中生有，自我創造，以及單憑數學和物理定律就足以產生

宇宙與生命不合邏輯，完全是科幻小說的情節。而這些放諸四海而皆準，歷經萬代而不變的自然定律，不但都能融會貫通，互通有無，而且不因時空而異，從現在反推至一百三十七億年前宇宙創生之時，都可以一體適用，並具有預測的力量。而衍生的根本問題是難道這些定律也是無中生有的嗎？探索宇宙就如同深入迷霧森林，撥開一層雲霧，卻發現前面還有重重迷霧等待著我們。

關於宇宙的終極未來同樣的仍撲朔迷離。目前偵測出的宇宙仍持續膨脹之中。現代科學推論宇宙所有的普通物質包含星體、星系、星雲、星塵雲等僅占宇宙所有總質能的4%，宛如籠罩星系般的暗物質（dark matter）約占23%，其餘的73%皆為暗能量（dark energy）。宇宙愈膨脹，暗能量亦相對增加，能產生足夠的斥力使宇宙不致因重力而逆反崩塌，反而會沒完沒了的加速擴張下去。但科學家亦無法排除，將來暗能量轉換為物質的可能，屆時彼長我消，當引力大於

斥力，使宇宙會如《中庸》所說：「放之則彌六合，卷之則退藏於密」的發生大塌縮（big crunch）。總之，宇宙的伸與縮，膨與塌取決於暗能量及質量的消與長，拔河拉鋸，其終極命運仍然沒有定論。

《華嚴經・光明覺品》說：「爾時光明過十億世界，遍照東方百億世界，千億世界，百千億世界，那由他億世界，百那由他億世界，千那由他億世界，百千那由他億世界。如果無數無量，無邊無等，不可數，不可稱，不可思，不可量，不可說，盡法界，虛空界，所有世界，南西北方，四維上下，亦復如是」。《大智度論》云：「千百億名那由他。」這樣無盡無量星體符合現代宇宙理論，而其總質能竟只占宇宙的4%而已。而暗物質與暗能量的「暗黑二人組」，卻合占宇宙總質能的96%？他們既看不到，也摸不著，我們又是如何得知的呢？

因為星系不停旋轉，聚於其中之星星傾向於往星系外圍飛出，唯一能把星星聚集的是質量的重力。而旋轉越快速，所需質量就越大。而實際上，星系旋轉的速

度比其中所有星星加總所預測的速度還快，只能推論其中一定有看不見，但無比沉重的東西存在，且其具有重力透視效應，可以彎曲光線。對於這樣我們稱之為「暗物質」的太空怪客，可以知道它的存在、質量、位置，但卻看不到它，也許此刻正穿越我們而過。我們不知道它是由什麼粒子組成，甚至也不知道它是否由粒子組成，它的行為模式更可能超越我們的想像。

從哈伯望遠鏡的偵測，與超新星亮度的研究，證實宇宙除了不斷膨脹外，也在持續加速。宇宙加速的可能原因隱含了大霹靂的推力，但重力理應會減緩膨脹的速度，造成宇宙的減速。科學家推論一定有某種能量抵消並超越重力，加大星系之間的距離，並估算出這種「暗能量」竟巨大到占宇宙總質能的73%。愛因斯坦一生最大的錯誤，可能是宣稱一九一七年所提出「宇宙常數」的假說，是他最大的錯誤。雖然「宇宙常數」理論可能敗部復活，但對於「暗能量」的真正身份，我們仍然一無所知。目前的想像傾向於「暗能量」

是一種「量子效應」，是源自於「真空」的空間能量。真空非空，充滿了我們無法偵測、瞬間湮滅的粒子與反粒子。宇宙排斥力源自於這些真空的「虛粒子」，隨著真空範圍擴大，宇宙中的物質和一般能量被稀釋。更強的排斥力造成更大的真空，而更大的真空又造成更強的排斥力，使宇宙無止境以指數加速膨脹。

「神龜雖壽，猶有竟時」，是梟雄曹操的慨嘆。恒星再如何璀燦奪目，也不可能是「恒」星，終有燃料消耗殆盡、消散解體的一天。原子是原子核與核外電子組成。根據「包立不相容原理」（Pauli exclusive principle），電子除了不停運動外，在同一原子軌道中，最多只能容納二個相同形狀的電子，且它們的自旋方向，正好是順時鐘及逆時鐘相反方向，使粒子間存在相互排斥的斥力與引力抗衡。恒星在燃料耗盡時，氫變成氦並可能成為紅巨星（red giant）或是超新星（supernova），此後就會因恒星質量的大小，出現三種狀況。

當恒星質量小於一・五倍的太陽質量時，恒星向內收縮，但最後會在電子的斥力影響下停止收縮，而變成體積小，亮度低，密度高的白矮星（white dwarf）。當恒星的質量大於太陽一・五倍，但小於三倍質量時，引力的作用就會大於電子間的斥力，便得電子進入原子核內部，與質子結合成中子，中子的斥力會停止收縮，形成高密度的中子星（neutron star）。若恒星大於太陽三倍質量時，引力就會形成無法阻擋之力，恒星就不斷收縮為質量巨大、密度極高，連光也無法逃脫之黑洞（black hole）。黑洞又會經「霍金效應」而轉換為基本粒子，於無盡的虛空中浮游飄盪。

　　我們賴以生存的太陽推估會在五十億年後，耗盡主要的燃料「氫」，而燃燒後的殘渣「氦」會引起核融合反應，造成巨大膨脹成為「紅巨星」，接著包括地球在內的所有行星皆會被吞噬而灰飛煙滅。從這樣的推斷，宇宙縱然不會「有盡」，但在虛空中的天體、物質、生命甚至黑洞都難逃「有盡」的命運。而

此時的宇宙將成為少量光等基本物質穿梭其間的冷暗虛空，逐漸冷卻並趨近於理論上最低溫的「絕對零度」（-273℃）。從炎熱高壓的火球到至寒寂靜的冷宮，似乎是宇宙可以預知的宿命。

老子的《太上清淨經》有云：「觀空亦空，空無所空，所空既無，無無亦無。」《觀音心經》亦說：「色不異空，空不異色；色即是空，空即是色。」東方哲學認為一切皆空，而「有」的世界是「空」所締造不可分的整體現象。近代科學家發表一些極具挑戰性的理論。其中之一是從暴漲的變異顯示，暴漲是一個永恆的過程，而我們宇宙的大霹靂亦非唯一，暴漲會生成無數的「宇宙包」。從這樣的宇宙多重發生（multiproduction），顯示宇宙可陸續不斷的製造下一代。我們既無法認識其他宇宙，而我們的宇宙也可能是不斷繁衍的世代之一而已。從這個觀點，佛法「時間無始無終，空間無邊無際」的說法，也許不違反科學，而是超越現代科學的存在。

無也未曾無　非空之空為真空

　　一百三十七億年前，宇宙藉由暴漲引發的大霹靂，就已經揭開了「能量物質化」的序幕。宇宙伊始就已經充滿身分不明的「真空能量」，讓宇宙急速暴漲，但暴漲突然剎車，在此之前讓宇宙急速暴漲的能量，因$E=mc^2$轉換為質量的形態。隨著時空的同時開創，慢慢地建構成森羅萬象的宇宙。

　　根據大霹靂的理論，宇宙創生之時猶是基本粒子燃燒煮沸的「太初渾湯」。這些基本粒子是從「無」的空間產生出來，並處於不斷生成與湮滅的狀態。在宇宙誕生一百萬分之一秒後，宇宙正處於攝氏數兆度的高溫狀態。此時電子（electron）和稱為夸克（quark）的基本粒子以及它們的反粒子（antiparticle）

成四處分散的狀態，並且高速飛行穿梭。當基本粒子以及其反粒子相互碰撞，則會成對湮滅（pair annihilation）。在創生伊始的宇宙，由於如今仍不明的機制，讓基本粒子比反粒子數量多出五億分之一。包括我們身體在內，宇宙中所有的物質與生命皆由戰勝五億倍競爭者而碩果僅存之基本粒子所組成，可以說是「大樂透幸運者」聯盟。所有宇宙的物質與生命皆是由除不盡的不盡處所組合孕育而成。

　　大約在宇宙誕生十萬分之一秒後，宇宙溫度下降至攝氏一萬度左右，基本粒子的移動變得比較遲鈍。單獨四處奔竄的基本粒子夸克，由於強核力的作用，二個上夸克與一個下夸克結合成質子（proton），一個上夸克及兩個下夸克結合成中子（neutron）。物理學將電子的電荷量定義為一，視為基本電荷，約 1.6×10^{-19} 庫倫。由於上夸克帶有＋2/3電荷，下夸克帶有－1/3電荷，所以質子帶正電，而中子的總電荷為零。質子和中子是組成原子核的材料，原子（atom）

是由電子和原子核所組成。

　　在宇宙誕生的十萬分之一秒後，構成原子的材料已悉數備齊。在宇宙誕生後的一秒後，夸克的反粒子悉數消失，但電子的反粒子正子（positron）仍然存在。此時是質子、中子、電子、正子穿梭飛舞的宇宙。正子於宇宙誕生後四秒消失。在宇宙誕生三分鐘後，兩個質子與兩個中子合成氦的原子核，而單個質子是氫的原子核。

　　在宇宙誕生三十萬年後，由於宇宙不斷膨脹，溫度下降至攝氏三千度左右，造了電子與原子核飛行速度變慢。帶有負電荷的電子因靜電引力的牽引，被帶有正電荷的原子核擄獲，構成物質與生命的基本單位，原子於焉誕生。而此時不再受電子散射影響的光，終能堂而皇之以直線行進，穿透宇宙，結束混沌（chaos）狀態。也由於吸收輻射的狀態消失，物質也得以藉由重力集結成塊，開始創造生成有序的宇宙（cosmos）。宇宙開始也可以說是「物理學」的發

韌；而當原子形成，再進一步構成分子，原子和分子以及它們的交互作用，就開展出「化學」。而大約在四十億年前，在這顆微不足道，稱為地球的行星上，一些分子結合，形成龐大且無比精細的結構，生物繁衍形成「生物學」。而在大約五萬年前，智人（Homo sapiens）這種物種發展出複雜的社會與文化，也推演出「人類學」、「社會學」與「歷史學」。

　　西元前四世紀，希臘哲人德謨克利圖斯（Democritus）首先提出所有物質皆是由原子（atom）組成的先知理論。而無獨有我，佛教從「阿含佛教」發展到「部派佛教」，也提出相似的「極微」理論。現代科學證明原子的大小大約是一億分之一公分，而原子的質量絕大部份集中於原子核。原子核的大小竟只有原子的十萬分之一，電子永不停息以每秒上千公尺的驚人速度迴繞著原子核旋轉。電子存在的範圍並沒有明顯的界線，猶如「電子雲」一樣的狀態，看似實體，其實原子的絕大部份是虛空。宇宙所有的物質、生命、

星體都是由原子構成，追根究柢都是驚人的虛空。如果將其中的真空抽離，所有人類的物質成份將可被擠壓成如一塊方糖大小。從這個觀點，果然「色即是空」。

　　地球上所有的元素在宇宙各地方都存在，只是分布並不均勻。地核的主要成分是較沉重的金屬元素，86%是鐵，4%是鎳。而像矽、鋁、氧等較輕元素會浮上表面區域，冷卻後形成堅硬如岩石的地殼。陸地的地殼厚度只有三十公里，海洋平均更只有七公里。地表上的海洋包含85.7%的氧和10.8%的氫，大氣則含78%的氮和20.9%的氧，建構人類生存的環境。而人體含有六十種元素，超過99%是由六種元素組成，包含氧、碳、氫、氮、磷和鈣。而所有生命體內的化學物質，皆以碳為基礎，經由碳循環在生物圈移動。

　　從宇宙誕生的經過，結合了宏觀的「相對論」及微觀的「量子論」。我們可以瞭解什麼都沒有「絕對的無」只存在於形而上的哲學世界，但不存在於物理

世界。現代科學已證實真空也有產生物質的能力。真空是物質不存在的虛無狀態，但一旦獲得能量，就可以轉變為物質。《楞嚴經》有云：「如來藏中，性色真空，性空真色」，「空生大覺中，如海一漚發，有漏微塵國，皆因空所生」。大覺即是大能量，闡明佛學的「性空」與科學的「真空」異曲同工，並非斷空，也非頑空，而是代表無限的潛能，無限的變動，無限的因緣流轉，也證明超然的科學是智慧的形式，而超然的智慧也是科學的形式。

有也未曾有 　非有之有為妙有

　　原子誕生後，宇宙仍處於「黑暗時期」，既沒有恒星，也沒有任何星體，只有氫和氦像鬼魅一樣飄蕩其間。但此時期也正是慢慢形成孕育恒星和星系環境的潛伏期。由於宇宙初生，其氣體密度分布並不均勻，密度較大的地區重力較強，宇宙就逐漸發展稠密程度差異愈來愈明顯的氣體分布，這是星體誕生的契機。

　　終於宇宙氣體相對稠密的部分，形成質量約為太陽百分之一的氣體團塊，是宇宙的首發天體，稱為原恒星（protostar）的恒星種子。其後在一萬年內，這些恒星種子施展「吸星大法」，從周圍凝聚了更多的氣體，逐漸形成會發光，而質量達太陽十倍至百倍的第一代恒星（first star），溫度高達攝氏十萬度，遠高於

太陽的六千度，亮度更是太陽的十萬至百萬倍。

　　元素是只含一種原子的物質。大霹靂只能產生三種最輕的元素，氫、氦及鋰。當第一代恒星的中心區域發生核融合反應，從氫原子合成氦原子核。而當氫燃燒殆盡後，氦原子接著發生核融合，合成碳的原子核等。像這樣個別原子質量較小元素之原子核燃盡後，質量較大元素的原子核接棒成為核融合的燃料，合成質量更大元素的原子核，恒星於是成為宇宙「元素製造工廠」。而當恒星的中心區域合成原子序二十六的鐵後，由於鐵擁有最穩定的原子核，核融合反應也告終。而恒星在發生「超新星爆炸」後，會走向生命的終點，也會將更多元素形成第二代恒星的基石。恒星爆炸後，在它爆炸中心會留下黑洞。

　　「核融合」所能產生的元素只到鐵（Fe26）為止。在傳統周期表的一百零三種元素，有超過七成是比鐵重的元素。其合成方式是以「原子核吸收中子」的機制來進行。當一再吸收中子，中子數目大於質子時，就能

透過「β－衰變」，釋放出電子和微中子，轉變為質子時，晉身為原子序加一的其他元素原子核。這種發生在「紅巨星」的過程十分緩慢，稱為「慢中子捕獲過程」（slow-process），可合成眾多元素，代表元素如鍶（Sr 38）、鋇（Ba 56）、鉛（Pb 82）、一直到鉍（Bi 83）。

在比鐵重的元素，有許多是「紅巨星」的slow-process無法合成的，例如金（Au 79）、銀（Ag 47）、鉑（Pt 78）等貴重金屬元素，及核能發電燃料鈾（U 92）。合成過程可能在重力型超新星爆炸之際形成的「中子星」。這種稱為「快中子捕獲過程」（rapid-process），是如驟雨般的中子在極短時間撞擊鐵原子核，快速合成重的原子核。而在鈾之後的元素，都為人工製造出來的，只有鈽（Pu 94）及鋂（Am 95）比較穩定，其他都是瞬生瞬滅。目前已知元素已達一百十八種，許多尚未正式被認可，只有暫時冠名。元素雖只有一百多種，但原子以各種化學方式結合，就能創造出千萬種性質不同的物質，建構繽紛的世界。

在宇宙誕生的五億年後，從高密度的氣體誕生了星系（galaxy），而眾多的星系又集結成星系群、星系團及更大的星系群組的超星系團。估計在宇宙至少有一千億個星系，每個星系有二千億個以上的恒星，故可能在宇宙有二十億兆至五千億兆的恒星，我們賴以生存的太陽只是其中之一，就像恒河一沙，滄海一粟般的微不足道。我們所在的太陽系直徑約四十五億公里，而銀河系直徑約十萬光年，而可觀測的宇宙直徑可達二百億光年。一光年約九兆四千六百億公里，宇宙不但「昊天罔極」，還不停在擴張之中。

　　宇宙中無法計數的星球、星系，無論尺寸大小，皆是運行不綴。地球不是靜止的位於宇宙之中，而是一個以時速一千七百公里的速度自轉，同時以時速十萬七千公里的速度繞著太陽公轉。而太陽系本身又繞著銀河系不停公轉，太陽連同地球在距離銀河系二十五兆公里的軌道上，以每小時七十七萬八千公里的速度，繞行銀河系一周須近二點五億年。天體的運行大

小互融，交攝無盡，相互牽引，自行秩序，建構了「大中可以攝小，小中可以攝大，一切可以入一，而一中又可以容納一切」的華嚴世界。

　　《金剛經》說：「三千大千世界碎為微塵。」《法華經》也提到：「三千大千世界微塵數。」皆認為宇宙是「微塵」的聚合離散。《楞嚴經》更進一步闡明：「汝觀地性，粗為大地，細為微塵，至鄰虛塵」；「更析鄰虛，即實空性，若此鄰虛，析成虛空，當知虛空，生出色相」。佛法從虛空至鄰虛塵，再至微塵，乃至三千大千世界，與現代科學從真空生出基本粒子，再合成原子，最後形成宇宙森羅萬象的物質與生命不謀而合。實相非相，但實相無相亦無不相，是宇宙萬有之本體，代表著無中生有且變動不居的狀態。物質有成住壞空，生命有生老病死，意識有生住異滅。《金剛經》有云：「凡有所相，皆是虛妄，若見諸相非相，即見如來。」一即一切，一切即一，科學從妙有的「一切」拆解實相，而宗教從真空的「一」理解實相。

以小博大 見微知著的量子世界

　　二十世紀初，「相對論」與「量子論」分別擘劃了巨觀與微觀的物理世界。「相對論」是愛因斯坦一大闖關，一鳴驚人所創議出來的。$E=mc^2$ 是一個無比簡潔，更是無比有力的方程式。從愛因斯坦在光速考量下的思維，不但時間與空間是一體的兩面，能量與質量彼此可以互換，也可視之為相同的東西。英國的物理學家科克勞夫（Cockcroft）與沃頓（Walton）以加速的氫原子核撞擊鋰原子核產生兩個氦原子核，碰撞後大約減少 0.2% 的質量而轉換成 2.78×10^{12} 焦耳的巨大能量，證實了 $E=mc^2$ 的正確性。

　　相對的，量子世界是由普朗克、愛因斯坦、薛丁格（Schrodinger）、波恩（Born）、波耳（Bohr）、海森

堡（Heisenberg）等多位物理學家幾經波折，爭論不休所慢慢建構起來的。量子力學簡單說是在處理原子，甚至更小的基本粒子（elementary particle）所處微觀世界定律的學問，不但詭異難懂，而且歷經一百多年，仍在持續發展之中。假如說「相對論」的武功招式是「九陽真經」，那麼「量子論」的武學脈絡就是「九陰真經」。

在西元前六世紀，希臘哲學家泰勒斯（Tales）主張水是萬物的原質。而安倍多克拉斯（Empedocles）把「土、水、空氣、火」稱為萬物之四根。而同期之佛教經典《阿含經》也認為世界之色相皆由「地、水、火、風」四個根元物質所構成。西元前四世紀，希臘的德謨克利圖斯（Democritus）提出先知的理論，認為所有的物質皆由「原子」（atom）所組成。無獨有偶，同期佛教的「部派佛教」也提出與「原子論」相似的「極微」理論，主張一切物質皆是由「極微」之集合顯現出來。東西文明早期對「物理」的看法，竟呈現驚

人的脈絡一致。

　　一八○三年，道爾頓（Delton）指出化合物是由不同原子以一定的比例組成的，而認為原子是最小的單位，是再也無法分割的粒子。直至一八七九年，湯姆森（Thomson）發現電子。一九一一年，拉塞福（Rutherford）證明原子存有帶正電的內部結構，周圍有帶陰電的電子圍繞運行。而查德威克（Chadwick）進一步發現原子核中除了帶正電的質子外，還有不帶電荷而質量幾與質子相同的中子。直至一九六四年，葛爾曼（Gell-Mann）更發現質子與中子皆由更小的夸克所組成。原子的大小約 10^{-8} 公分，原子核約 10^{-12} 公分，而電子與夸克等基本粒子則小於 10^{-16} 公分。

　　自然界的原子由原子核和核外電子所組成，原子核又由一定數量的質子和中子所構成。質量數愈大，質量愈大；原子序愈大，具有核外電子的數目就愈多。而原子的化學性質取決於最外層軌道的電子數目。而夸克組成質子和中子，電子與夸克等基本粒子

是目前所有物質最根本的粒子。基本粒子的研究是從觀察宇宙照射到地球的宇宙射線開始。在二十世紀中期，大型加速器被開發出來，發現電子與正子（正電子，positron）碰撞後，兩者俱消失，竟然誕生出夸克與反夸克（antiquark），或渺子（muon）與反渺子（antimuon）等與電子與正子完全不同的粒子。這些新誕生的粒子是從碰撞前之電子和正子所擁有的能量產生。在微觀世界的空間，具有從能量產生物質的能力。

　　大型加器的研究，陸續發現許多新的粒子，而這些新粒子是由其他基本粒子所組成的複合粒子。如今基本粒子家族被歸為三大類。一是夸克家族，二是電子代表的輕子（lepton）家族，三是由光子（phaton）所代表的規範粒子（guage particle）家族。規範粒子是傳遞自然界的四種力，包括重力、強核力、弱核力及電磁力，將在下一個章節再討論。

　　夸克有六種，分別是上(u)、下（d）、奇（s）、魅（c）、頂（t）及底（b），再加上它們的反粒子共

十二種。除了上、下夸克以外的四種夸克，由於能量偏高，於宇宙冷卻後便迅速衰變，僅存在於宇宙誕生初期。強子（hadron）指的是「由夸克組成的粒子」，質子與中子都屬於強子。在強子中，由三種夸克所組成的質子及中子又稱為重子（baryon），而由二種或四種等偶數夸克所組成的粒子稱為介子（muson）。介子是由「上夸克」及「反下夸克」成對組成。夸克不能單獨存在自然界中，只能以重子或介子等複合粒子存在。

　　輕子家族有電子、電子微中子（electron-neutrino）、渺子（muon）、渺子微中子（muon-neutrino）、濤子（tauon）、濤子微中子（tauon-neutrino）等六種，以及它們的反粒子共十二種。微中子是包立預測存在的基本粒子，他認為在中子衰變時會轉變為質子和電子，但一定還會生成一個基本粒子，能量才能達到平衡。而直至二十六年後，科學家終於發現了這個粒子，證實微中子的存在。微中子是宇宙形成有關的重要粒子，

重量極微，電中性，且不易與其他粒子發生作用。幾乎所有微中子都會毫無障礙的穿透地球，大約五十億個微中子，只有一個會撞上地球上的岩石，其他全部穿透。我們終其一生，可能只會踫到幾個微中子而已，其他的絕大多數都「如入無人之境」。

由「量子論」所發展出來的量子物理學，量子化學及量子生物學此刻正在以驚人的速度，改變我們的生活型態與世界面貌，推動時代的巨輪猛力前進，但其利弊得失，吉凶禍福難以逆料，值得我們深入檢視與探討。

洪荒之力　自然界 F4 的合擊分進

　　話說「天下大勢，合久必分」。十幾年前，臺灣偶像團體F4在「流星花園」一劇中爆紅，風靡臺日。很快的其成員言承旭、周渝民、吳建豪及朱孝天一個個單飛獨立，也各自擁有一片天。也許完全的合力與和諧只存在於初始的環境。「天地玄黃，宇宙洪荒」，宇宙萌生的瞬間只存在一種合體之力，稱為「原始力」（大陸女泳將傅園慧所稱的洪荒之力？），具有完全的對稱性，然後逐漸碎裂破缺，是為「真空相變」（phase change），四力逐一分出，而一切宇宙森羅萬象才應運而生。

　　在自然界現今存在的四種力（Force 4，F4），包括「重力」、「強核力」、「弱核力」與「電磁力」。而力

之間存在有粒子作為彼此傳遞的橋樑。「重力」是由於物體質量所產生的力，藉由「重力子」（graviton）傳遞，是四力之中最微弱的，但能傳送到無限遠的地方，其強度與距離的平方成反比。「強核力」是結合質子與中子形成原子核的力，以及結合質子與中子中夸克的力，藉由「膠子」（gluon）傳遞，是四力中最強的，強度約為重力的 10^{40} 倍，但只能企及 10^{-13} 公分原子核的範圍，是原子核的家族凝聚力。「弱核力」是與原子核反應的微弱力量，也就是中子衰變的力。相較於原子核內較穩定的中子，單獨存在的中子只能存活十分鐘，就會變成質子、電子和電子微中子。「弱核力」藉由「弱波色子」（weak boson）傳遞，其強度約為重力的 10^{35} 倍，到達的距離比「強核力」更短，只有 10^{-16} 公分。「電磁力」是因物體所具電荷而作用的力，藉由「光子」（photon）傳遞，其強度約為重力的 10^{38} 倍，而可傳送至無限遠，與距離的平方成反比。

宇宙起始瞬間只有一種力，是四力的根本，稱為「原始力」，在宇宙誕生的10^{-43}秒時，就出現「第一次相變」，重力率先脫出，而分出「重力」的「原始力」成為「強核力」、「弱核力」與「電磁力」三合一的「大統一力」。在宇宙誕生後的10^{-36}秒，發生「第二次相變」，「強核力」分出，此時宇宙存有脫出的「重力」、「強核力」及「電磁力」與「弱核力」仍結合的「電弱力」。在宇宙誕生的10^{-11}秒發生「第三次相變」，「電弱力」分開為「電磁力」與「弱核力」，此時四力全部獨立出列。本來質量為「零」的基本粒子因為與「希格斯場」（Higgs field）交互作用，變得不易移動而具有質量。唯獨「光子」在相變後，也與「希格斯場」不相往來，因此質量仍然為「零」，才能擁有宇宙的極速，每秒可行進三十萬公里。在宇宙誕生後的10^{-4}秒，發生「第四次相變」，即夸克彼此緊密結合的「夸克封閉」，被封閉的夸克成為構成質子及中子的材料。

電磁力的運作機制是靠電荷（electric charge），異性相吸、同性相斥。而其媒介是「光子」，粒子會藉著送出光子和接受光子產生電磁力。電力與磁力之所以合稱「電磁力」，是因為兩者具有相似之性質。馬克斯威爾（Maxwell）將電力與磁力成功的整合在方程式中，電力的場與磁力的場合稱「電磁場」（electromagnetic field）。其特徵是電場的變化會引起磁場的變化，反之亦然。而這樣的相互啟動對方，一面像波一樣傳遞出去，稱為「電磁波」，並測定出其速度等同光速，顯示光的真正身分也是電磁波的一種。而二十世紀發展的量子力學應用於電磁場，發現可以將原本具有「波」性質的波（電磁波）導出「粒子」狀態的光（光子），成功的連結了「波」與「粒子」雙方的性質，也創造出新的「量子場論」（quantum field theory），物理學家卡羅（Carroll）認為萬物皆由場構成。量子場如同大海，波浪代表粒子。在「量子場論」中，空間中每一個點都是抽象的數學運算，必

須結合系統的狀態向量才能得到機率。

　　「電荷」可分為正負二種。而對於強核力而言，相當於電磁力的「電荷」，屬性稱為「色荷」（color charge）。色荷分為三種，並不是真有顏色，而只是如政治上政黨代表的顏色一樣，姑且以顏色的三原色─紅、藍、綠來命名。二個上夸克分別是紅色與藍色，他們互擲「膠子」後就互換顏色，猶如政治「變色龍」一樣。強核力就是藉由「膠子」來傳遞。

　　質子及電子是構成物質及生命的重要粒子，其壽命天長地久。但中子的壽命大約只有八百八十七秒，也就是十五分鐘左右。中子可衰變為質子、電子及微中子。但衰變的過程其實是三個夸克中的一個下夸克變成上夸克。換言之，弱核力可說是「將下夸克變成上夸克的力」。當下夸克轉變為上夸克時，會丟出一個弱波色子當作媒介粒子，而不是如強核力般讓媒介粒子在兩個粒子之間互擲，而這樣的弱波色子立即衰變為電子和微中子。

由於現在的基本粒子學仍無法統合「重力」與「大統一力」，而且也無法解釋基本粒子大小為「零」的假設，故發展出「弦論」（string theory）及進一步「超弦理論」（superstring theory）的假說。這些假說認為所有的基本粒子皆能以一種「弦」來表現，而基本粒子種類的差異是根據弦的振動與振動能來區分。只有重力是閉合的弦，其他的基本粒子是兩端打開的開放弦。而「弦」理論若要在理論上毫無矛盾的成立，宇宙必須是十維度，而「超弦理論」更主張有十一維度。除了我們能感知到的四維度時空，其餘六或七維度被假設摺疊於 10^{-33} 公分的至小尺寸。而「膜宇宙理論」則認為我們的宇宙是三維度的膜，而這樣的膜浮在高維度的空間，在十一維度中只有三維度的膜會變大。而如此「超眩」又「超玄」的推論這個宇宙是由「弦」所彈奏出來的天外奇想是超狂「物理」學家的「悟理」世界，凡夫俗子的我們只能「霧裡」看花。這個宇宙永遠比我們最富創意的宇宙思維更富創意。

瞻之在前 忽焉在後　神出鬼沒的基本粒子

　　在宇宙大爆炸不到一秒的時間內，宇宙所有的材質已悉數到位。微中子、電子、正子、質子以及中子等粒子各自在光之海中運動。如果說基本粒子是在如此瞬間於同一地方被製造出來，那麼現今散布在宇宙各處的同種粒子，迥異於古典力學，具有「不可分辨性」也就不足為奇了。即使到現在，宇宙還是往虛空輸出大量電磁能。而往天體所發射的不僅是光，還包括各式各樣的電磁波。

　　人類視網膜的桿狀細胞與錐狀細胞是光的直接接受器，其所能感知的只是400至720ppm的可見光，而對於不在此波長範圍的電磁波則視而不見。電磁波依照波長的長短可分為X射線、紫外線、可見光、紅

外線及電波。光在物理學上的定位非常曖昧，可說是
「雙面嬌娃」。牛頓認為光是一種「粒子」構成的束，
而惠更斯（Huygens）則認為是一種「波」。馬克斯威
爾以精確的數學證據證明光是一種電磁波。事實上，
光與其他粒子皆具有「波粒二重性」（wave-particle
duality）的雙重性格。薛丁格的「波動力學」證實當
我們在進行觀測時，它們會集中在一點，呈現「粒子」
狀態，但未觀測時會以「波」的形式擴張於空間之
中。電子顯微鏡就是應用電子的「波粒二重性」發明
的。電子的波長遠小於可見光，一個利用電子來呈像
的顯微鏡，自然比光學顯微鏡更能分辨精細的結構。

　　有「量子力學之父」之稱的普朗克從量子層次
的實驗，顯示物質是以可能性（probabilities）與傾向
（tendencies）的方式存在，而非「絕對物質」，所謂
「真實狀態」既非絕對也非固定不易的。同樣的，海
森堡的「測不準原理」（Uncertainty principle）也認為
無法同時正確測定像電子一般基本粒子的位置和運動

量。量子力學主張所有的微觀世界的行動都是非決定性的，需要機率與統計的客觀解釋，從其觀點，物理「實相」不能說確實存在。其實也相當符合佛法「諸行無常，諸法無我」的說法。

宇宙中所有的已知粒子可分為兩大類。自旋二分之一的粒子構成宇宙中的物質，而自旋零、一、二的粒子構成物質粒子之間的作用力。包立於一九二五年發現物質粒子會遵守「不相容原理」（Exclusive principle），在「測不準原理」的限制下，兩個粒子不會同時擁有相同的位置與相同的速度，亦即不可能處在相同的物理態。解釋了物質粒子在自旋零、一、二的粒子產生的作用力下，卻不會崩塌成為密度極高的狀態。若宇宙不是在「不相容原理」的創造下，夸克將不會形成質子與中子，進而與電子結合為原子，而成完全崩塌形成均勻濃稠宇宙之「湯」。

「量子穿隧」（quantum tunneling）不但是霍金認為是宇宙生成的關鍵現象，在包括太陽之內的恒星之所

以能發射出巨大能量與光芒成因之「核融合」（nuclear fusion）同樣扮演舉足輕重的角色。兩個帶正電的氫原子核愈來愈靠近時，彼此之間的靜電斥力就愈大。當它們靠得過近而將產生融合時，粒子必須先穿過一道看似無法穿透的能量障礙，融合的同時會以電磁輻射的方式釋放能量，太陽光子才能溫暖地球。另外像鈾（U）這樣重的元素會發生輻射線衰變為其他元素。α 衰變（α-decay）是從原子核釋放一個相當於氦原子核的複合粒子，稱為 α 粒子。α 粒子通常不帶有可脫離強核力的能量，但由於「測不準原理」，可以在瞬間獲得極大的能量，脫離原子核的束縛。

而量子世界另一個詭異現象稱為「量子疊加」（quantum superposition），指的是基本粒子可以如同孫悟空或佛菩薩同時有無數化身，並同時做不同的事，這也是宇宙之所以能夠形成物質與生命的魔法。大霹靂後之宇宙充滿結構最簡單的氫原子，由一個帶正電的質子與一個帶負電的電子所組成。而如今物質與生

命都包含了氫及更重的元素如碳、氧、鐵等。這些較重的元素是由充滿氫氣的恒星內部融合而成。而首先融合出來的元素是氫的同位素「氘」（Deuterium）。原子核接近時是通過穿隧效應，但兩個質子之間存在之力皆不足讓它們緊靠一起，所以一個質子會「正電子衰變」成一個中子和一個正電子，剩下的質子和新生中子結合成「氘核」（氫同位素氘之原子核）。而實驗已經證明，質子和中子結合的力量必須靠不同狀態的「疊加」才夠強大。

一九七九年於日內瓦大學進行將光的粒子分裂為二，成為「雙生光子」的行為研究，更撼動傳統物理學的知識基礎。傳統的理論認為「雙生子」是各自分離的，彼此並無溝通。但這個研究結果顯示分離的雙生子，一個發生變化，另一個也自動產生同樣的變化。物理學家將這樣仍不明機轉的神祕連結稱為「量子纏結」（quantum entanglement）。大部分宇宙的量子共有或曾共有相同的量子態，這不但是粒子物理學

（microphysics）的現象，也是宇宙學的現象，包括了宇宙最小到最大的結構。「整體論」是新物理學的精髓，世界上所有的事物都是相互關聯的，所有個體或部分的事物，最終都會整合成整體世界。

傳統上我們總認為意識是以主觀的存在獨立於宇宙之外的。現代科學則發現意識進入了物質世界，在觀測電子繞行原子核運動時，會對電子的運動產生干擾而出現「測不準」的難題。物理學家博姆（Bohm）認為觀測者與被觀測者是一體的，雙方所產生的效應會「成對」的進入真實世界，意識在觀測的過程中會深刻的被牽連在整個世界中，不能獨立被抽離。這種「境」與「識」是一體的，是相成的理論，契合佛學「唯識思想」。我們的「識」與外在的「境」都是屬於，或是源於物質的層次。量子構成有機生命，演化到極致成了意識。既然一切的存在，包括「境」與「識」都是因緣生，因緣滅，都處在一種變動的狀態，都不能說是「實相」。虛妄的宇宙必須透過虛妄的意

識而顯現當下主觀的「現象」，所以我們意識與感官所能感知的宇宙只是「人類的宇宙」。

　　而「量子生物學」也逐漸瞭解生命中許多量子現象。除意識外，也包括酵素的運作、嗅覺的機制、基因的複製、生命的起源、能量與訊息的傳遞、植物的光合作用。從生命宏觀的層次，我們可以認知生命現象，但只有從微觀的層次，我們才可以透徹生命本質。

科學「命」題　是命由天定 還是人定勝天？

現代科學致力探索宇宙的深度統一性。牛頓的「重力理論」統合了天與地；「馬克斯威爾方程式」統合了光與電；愛因斯坦的「相對論」統合了時間與空間，質量與能量；普朗克等的「量子力學」統合了空與有；而「超弦理論」的假說是否真能統合宇宙的四種力，仍未盡可知？但這些開天闢地、繼往開來的科學成就已慢慢地推演出「宇宙全像圖」（cosmic hologram）。

「牛頓力學」可以完全詮釋生活周遭的物體運動到天上星體的運行。而當物體的速度和重力極端大時，就必須用「相對論」來理解，兩者基本上都屬於「決定論」。但在微觀的世界中，似乎沒有全知全能的神，無論是「量子力學」或「超弦理論」都屬於「非

決定論」。「非決定論」的主要論點是自然界所發生的事情有些是取決於某種「機率」，完全無法由因果關係來預先推知。而「決定論」認為無法預知仍由於我們資訊不足或是能力不足，而無法精確分析掌握所有的影響因素。

　　由雙方的論點觀之，我們的宏觀世界似乎棲息在一個由「機率」所掌控的微觀世界，而最大的癥結在我們無法測知微觀世界的「非決定性」對宏觀世界有多大影響。統計定律無法精確描述少數數量所組成的系統。但是不論是氣體定律、流體力學、化學反應定律都可以從極大數量的統計性推算出「精確性」。這是薛丁格所主張的「規則源自不規則」。同樣的，海森堡的「不確定原理」也可以說是「確定源自不確定」。

　　而近代物理學家除致力研究原子及基本粒子，也努力探索原子間的相互作用。原子根據其種類，群聚和組合，決定出不同的固有特性與化學性質。將宏觀的物質視為大量原子之集合，根據「量子論」來闡明

其性質的物理學稱為「凝態物理學」（condensed matter physics）。「量子論」究明了不像金屬如此容易讓電流通過，但比絕緣體更易導電的物質如矽（Si）與鍺（Ge）這類「半導體」（semiconductor）的性質。而二極體（diole），電晶體（consistor），甚至積體電路（intergrated circuit，IC）都是組合各種半導體而成。積體電路不僅應用於電腦，行動手機，衛星導航，也搭載於各式各樣的家電製品之中。現代人過的生活其實是「量子生活」。

而近年來，以量子電腦（quantum computer）為代表的量子資訊科學也快速進展之中。在醫療上，能夠鉅細靡遺，深觀透視的診斷利器「電子顯微鏡」及「核磁共振掃描」；能夠定位攻擊，滅癌無形的治癌科技「質子治療」（proton therapy）及「重離子治療」（heavy ion therapy）；都拜「量子論」之賜才得以發明，造福人類。而「量子化學」對於分子解析，材料製造及現代醫藥品的開發也有莫大貢獻。

但科學研發所產生之成果固然可以豐富人類的生活，卻也可能導致人類的危機。譬如「半導體」在製造的過程中，無可避免會耗損大量的水電資源，造成許多公害；而其產品如電腦、手機、家電製品廢棄物皆難以處理，會造成環境的重大汙染。軍事上的核彈、導彈、生化武器、殺人光線都可能讓人類莫名其妙的滅絕。而投入大量人力及資源的大型科研計劃，如粒子加速器，基本粒子與核融合的實驗，宇宙探索開發都與我們日常生活關係不大，卻可能被應用造成人類的浩劫。但目前人類對最迫切的問題，如地球暖化，極端天氣，環境汙染，生態破壞，糧食不足與戰爭浩劫都仍然束手無策。科學的研究難以「知足」，「知止」，更難免會有「捨近求遠」，「不切實際」的質疑。我們難道要將未來的命運交由少數「天縱英才」的科學家與「天之驕子」的野心家來決定嗎？

　　人腦是生物演化的奇蹟，資訊系統發展的極致。雖遠遠比不上電腦的運算能力，但卻擁有電腦沒有的

情感、思考、推理及創新能力。智能的發展使人類許多科技都足以毀滅地球，但卻仍無法帶領人類逃離地球。人類是地球所孕育最高級的生靈，卻也是肆意破壞大氣、海洋和陸地的脆弱平衡，毒害地球母親的最大殺手。以神之名、以民族之義、以國家之利，彼此殺戮掠奪，也造成人間煉獄，難民如潮。我們並非是「合理」的動物，只是善於「合理化」的動物，本質上仍是披著現代外衣，擁有現代科技的狩獵者。不到黃河心不死，不見棺材不掉淚的近利短視，一旦暴衝都可能造成人類的浩劫，甚至滅絕。不禁令人懷疑，人類毀滅的基因是否早已設定在我們的基因程式中？

　　「人心難測」更甚於物理學。英國「脫歐公投」及美國「總統大選」的爆冷翻盤，讓統計的「大數據」（big data）顏面掃地。人是社會動物，也是社會原子，社會學的座標遠比四維相度的物理學還複雜。我們生活的社會是多元空間，我們的生命軌跡是在這個多元空間的多元函數曲線，在世間扮演的是多重角色，有

不同的家庭背景、社經地位、命運際遇、學習歷程、成長經驗，加上基因所賦予的不同個性和能力，我們的意識，心理及意志無疑是多元的「未決定論」。從這個角度觀之，人生似乎是混沌的，無序的，幸好人類還有「共性」，並且有同理能力，法律規範，道德制約，教育養成與輿論監督，能從「無序」找到「有序」。

而科學不但是「一刀兩刃」，可以載舟，也可以覆舟，更是有極限的，既不能回答「存在」的根本問題，無法定義「意義」，也無法辨別「是非」。生命的意義與倫理的界定存在於科學領域之外。現代科學家必須兼具人文與倫理素養，能夠冷靜思考夢想與現實之間的平衡，個人成就與人類命運之間的取捨。「善用科學而不受制於科學」是最迫切的科學「命」題。佛法的「因果律」（law of causality）在生命流轉變化上強調「未決定論」，但在主觀的意志和努力上，傾向於「決定論」。套用《金剛經》的說法：「所謂決定，即非決定，是名決定。」

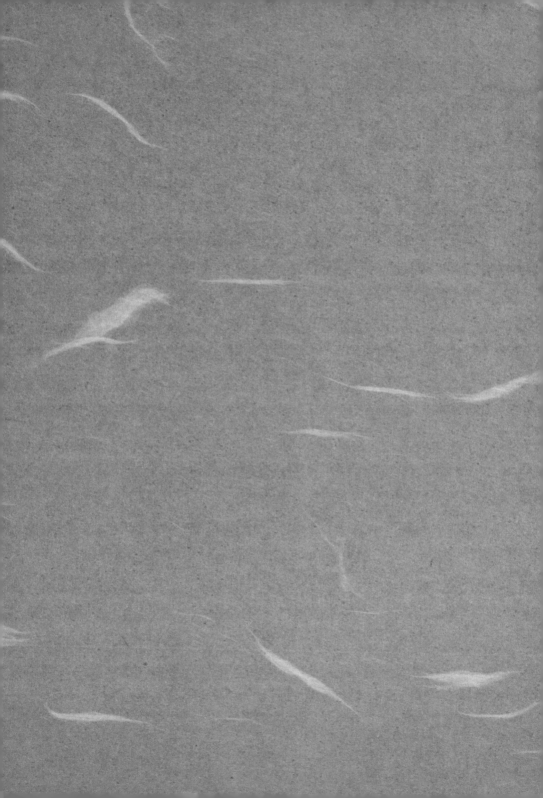

生命的定義與意義
· · · · · · · ·

　　宗教的定義已是人言言殊，宗教所探討的對象
「生命」，其定義更是令人迷惑。研究生命的醫學科學
家至今仍然各自表述，各有立場。生物學家認為生命
是通過能量流動及物質循環而不斷增加其內部有序性
的開放系統。生理學家定義生命為具有進食、代謝、
呼吸、運動、生長、生殖、排泄與反應性等的功能
系統。生化學家界定生命是包含儲存遺傳訊息的核酸
和調解代謝的酵素與蛋白質的系統。遺傳學家則主張
生命是通過基因的複製、突變和自然選擇而進化的系
統。似乎各家都有其專業「純科學」、「很唯物」的立
論根據，但也都有以偏概全之嫌，各種定義都仍無法
完全的來詮釋生命。

現在的科學告訴我們，生命具有其物質基礎。除了原始生物與病毒外，地球上所有的生物皆具有功能結構的一致性，細胞是生命的結構基礎，也是生命最小的功能單位。形態構造相似且功能相同的細胞可構成組織，不同類型的組織能合成具有一定形態特徵及生理功能的器官，而器官的協同合作可構成機能系統。生命現象是建構在從細胞→組織→器官→系統→個體的一系列層次上。而表現在生長、發育、呼吸、循環、消化、排泄和增殖等，統稱為「新陳代謝」。新陳代謝是一切生命活動的基礎，一旦停止也代表生命的終結。雖然不同的物種有不同的蛋白質和核酸，但構成其原件之胺基酸與核苷酸不但完全相同，也可以互通有無。這些原件又可層層分析到分子、原子及基本粒子層次。量子生物學的深入探討將有助於瞭解生物分子間的相互作用，能量與訊息的貯藏與傳動，及更能透微微觀世界的生命本質與運作方式。

　　而生命的意義為何？這已超過科學的層次，進

入文化、社會、哲學與宗教的價值系統。從無窮無盡，無邊無際的宇宙觀之，人生只是須臾，生死不過剎那，難免會疑惑「人生何價？」。白居易的「來如春夢無多時，去似朝雲無覓處」，蘇軾的「人生到處何所似，恰似飛鴻踏雪泥」，陸游的「死去原知萬事空，但悲不見九州同」，文天祥的「人生自古誰無死，留取丹心照汗青」，李商隱的「春蠶到死絲方盡，蠟炬成灰淚始乾」，曹雪芹的「浮生著甚苦奔忙，盛席華筵終散場，悲喜千般同一夢，古今一夢盡荒唐」，詩人的詩作反映時代的社會背景以及個人的生命哲學，值得我們細細玩味。

禪宗五祖弘能大師的偈語：「有情來下種，因地果還生；無情亦無種，無性亦無生。」不但是「法脈」傳承，也是「生命」傳承。先總統蔣中正說：「生命的意義在創造宇宙繼起之生命。」符合中國人「傳宗接代」的傳統生命觀。道金斯（Dawkins）認為天擇基本上是自私的過程，人類大腦是地球生物演化過程

中的最精品，更是為了促進人類基因生存與傳承的傑作，而其中的理性思考與利他行為皆只是為了達成目的的一項設計罷了。而這樣的「基因達爾文主義」自然會引起宗教家的撻伐。「生死學」專家傅偉勳說：「生死問題的探索解決，乃是宗教所必須存在的最大理由，因為只有人類才會永遠探討死亡的問題，尋覓生命的終極意義。」契合海德格（Heidegger）「向死而生」的觀念。印度文哲泰戈爾（Tagore）倡議「人的宗教」，認為人異於其他動物在於意識的高度發展，會深化人性中蘊含的神性，以真、善、美各種形式展現，個體的存在是為了「大我」。

西方哲學由中世紀基督宗教信仰衍生的「教父哲學」（patristic philosophy），「經院哲學」發展至十五世紀的文藝復興，十六世紀的宗教改革，十七世紀的科學革命，十八世紀的啟蒙運動，進入追求生命意義的現代哲學。黑格爾（Hegel）的哲學概念是「絕對唯心論」，認為「絕對精神」是宇宙本質與理性的

絕對形式，邏輯是存在的基礎，歷經正一反一合，演繹出世界萬物，人不過是絕對精神實現自己的工具而已。而其學生馬克思（Max）反其道的主張「辯證唯物論」，否定任何心智或觀念先於自然界而存在，人性是人自己在歷史發展中演變出來，勞動是自我實現的過程，具創造性，是目的而非手段，改變世界比解釋世界重要。師生二人的理論竟共同催生出無產階級革命的共產主義。叔本華（Schopenhauer）提倡世界的本質是意志的「意志哲學」。深受叔本華影響的尼采（Nietzsche）主張以自己力量不斷創造倫理價值，並能概括承受人生一切的「超人哲學」。兩人的觀點卻成為希特勒發動侵略戰爭與種族滅絕的理論基礎，可見哲學思想力量強大，卻是一刀兩刃。

叔本華、海德格、齊克果（Kierkegaard）、雅士培（Jaspers）、沙特（Sartre）所引領的「存在主義」（Existentialism），以及胡塞爾（Husserl）開啟的「現象學」（Phenomenology）運動皆強調個人的獨立性與

主觀經驗，重新尋求生命的意義，也都風潮一時。現代哲學又歷經了「浪漫主義」（Romanticism），生物學及心理學革命，「後現代主義」悄然來臨，但何去何從，令人感到迷惑。神經暨精神病學權威法蘭可（Frankl）在其著作《意義的追尋》說的是人在極限環境下的苦難，以及從受苦裡如何藉著意義的追尋，將自己超拔出來去重新愛人，而發展出「意義治療」學派。法蘭可教授認為人有身、心、靈三種向度（dimension），而靈是人的精神向度（dimension of the noetic），生命是絕對有意義的，而人的任務就是要找到自己生命中的意義。生命本身沒有意義，必須由人來賦予意義，尋求心靈對自我完善與美好的呼喚。

「存在主義」與佛法都是從生命的主體性及衍生的基本問題出發。只是「存在主義」是著眼於個人的生命悲情，而佛法是基於眾生苦難的「無緣大慈，同體大悲」。人與家庭、社會、國家、地球、甚至宇宙都是相依相存，無法分割。雖然每個人難免會受到基

因、業力、環境、社會、文化、教育、機遇的諸多影響，但生命仍有無限可能，可以活得無限精彩，深具意義，也可以活得極度窩囊，毫無價值。其中的分界常常取決於自己的生命態度與觀念，而非生命的長度與得失。人生的命題包括生命的緣起與意義，個人的價值與責任，群體的相依與互動，善惡的判斷與抉擇，倫理的準則與界線，人性的提升與鍛煉，人類的傳承與發展，地球的保護與經營。人類已將自己的生存與文明逼臨萬劫不復的絕境，只有開啟每一個人的智慧與慈悲，開展每一個人的毅力與勇氣，才能力挽狂瀾，開創人類永續發展的生機。

生命的有限與無限
· · · · · · · ·

　　筆者有機會多次隨著慈濟團隊參與國內外大型災難的賑災與義診。在臺灣的「九二一大地震」、「莫拉克颱風」及四川的「汶川大地震」見識到「移山」的威力；在「南亞大海嘯」、日本「東北大地震」及菲律賓「海燕颱風」目睹了「倒海」的浩劫。「移山倒海」似乎只是神話故事的場景，如今卻一次又一次的在現實的人生上演。而每次都造成山河大地崩壞，房屋橋樑倒塌，成千上萬人命流失，生命的渺小與脆弱無情的反諷，人類自誇「人定勝天」的對自然無饜的需求與破壞是多麼無知與可悲。

　　「逝者如斯，而未嘗往也」，「大江東去，浪淘盡，千古風流人物」。時間如同河流一樣，生命與萬

物皆隨時間流逝，從無限的過去，流過歷史，流向無限的未來。「時間」就宇宙的觀點是一種「永恆」、「無限」的概念，開展了宇宙的空間，進化了地球的生命，它是「客觀」，也是「中性」，其間上演了無數的因緣聚散，無量的生滅無常。但是對於個別的生命與事物而言，「時間」既是「主觀」，也是「有限」的。人類其實是宇宙間一群孤苦無依的流浪者，為了生存發展，在渺小的地球上不得不互相依賴，也不停互相爭奪。但無論是萬里江山，千年功過，百年風雲，十載恩怨，一時得失，在宇宙時間的長河裡，皆曾不能以一瞬，終究是來去春秋，空幻泡影。渺小的人在浩瀚的時空中，只能念天地之悠悠，嘆生命之須臾。

《楞嚴經》說：「淨極光通達，寂照含虛空。」光是萬物起源的輻射能量，為物質與生命中粒子的迴旋圓舞曲拉開序幕，也為宇宙繁星搭建浩瀚而寂靜的時空舞臺。而在無垠無邊的宇宙長空裡，幾乎是微不足道，渺不可得的地球以曼妙的身影迴旋轉動，看似

極其孤獨的舞者，其實是太陽系中，藉著星際引力的韻律，循著宇宙樂章的節奏，以不可思議的精確，用生命起舞的舞群中的一角而已。而生命之神在無窮無盡的巨大死寂中，於這顆得天獨厚的星球注入簡單的活細胞，開啟了生命的篇章。生命的伊始，唯一的目的就是在困難險阻的環境中尋找生命的出路。單細胞在某個時間點開始集結，細胞與細胞結合成多細胞生物，創造出多樣而龐大的生命體。而這個過程並非單純的細胞聚集，而是不可思議的分工與功能協調，才能建立起完美的運作秩序，也是整體的創造性法則（Creative principle of unity）。生命作為一個整體，存活成長，傳宗接代是開宗明義的唯一目標。

生命的演化場域猶如一座現實又殘酷的競技場，而每一個物種都必須順應其自身限制，互為表裡的優勢，犧牲生命的完整性來換取能在其環境下生存延續的特定能力，否則就遭到淘汰。在某一時期，物質世界以量取勝，數大是美，體型巨大的動物曾經恃強凌

弱，以大欺小，主宰了這個星球。曾幾何時，過度擴張的體型卻成為生存競爭的負擔，摧毀了生命的自然律，不加節制的縱容成長，最後受笨重遲緩的軀體之累，大部的大型動物走向了「大而無當」的滅絕之路。構成宇宙所有物質和生命的粒子、元素都是相同的，不過生命會逐漸發展出無法測量及分析的價值。心智與自我意識的高度發展，使在演化上走了漫長的道路才姍姍登場的人類改變方向，走向了一條截然不同的道路。而這段連續的過程使人類能認識自我，追尋人生意義；認識宇宙，也賦予宇宙意義。

人類的身體由兩百多種不同型態與功能，總數約六十兆個細胞所組成，是一個分工精細，組織嚴密的「細胞大社會」。而這樣功能多元，數目眾多的細胞必須合縱連橫，互動制衡才能發揮生命的功能。無論是細胞之間的聯繫，細胞與外在環境的相互作用，都必須透過許多「訊息分子」協調整合。細胞透過表面或受體接受來自細胞外的訊息，導致化學物質的生成變

化，並將之傳入細胞內部引起對外界的反應。細胞活性是生物活動的基礎，而縱橫於細胞內及細胞之間的訊息傳遞，對於細胞的存滅、功能、形態、代謝、增殖及分化至關重大。相鄰近的細胞是以細胞識別，細胞黏合與細胞連接來連繫及建構組織及器官；而距離較遠的細胞則透過內分泌因子，細胞因子（cytokine）及生長因子（growth factor）來建立訊息交通網路。

就細胞而言，其實具有「雙重生命」，即本身之個體生命及所屬身體之整體生命。而細胞之死亡過程亦有兩種不同型式，一是由細胞膜先行損壞之「壞死」（necrosis），一是由細胞核內染色體啟動破壞之「凋亡」（apoptosis）。凋亡又稱「程序化細胞死亡」，也即是一種自動化死亡方式；生物為了本身造型需求，細胞數量調整及剔除危險或不必要細胞所啟動的一種機制。為了完成凋亡，細胞內部有受遺傳支配的自殺基因合成能夠自殺的蛋白質，以犧牲「小我」的精神來成就「大我」生命的生存和利益。人體的細胞分裂

每秒超過一億次以上，除了肌肉細胞與神經細胞外，其他種類的細胞皆不斷地在「推陳出新」。我們身體內不同的細胞各有各的生命週期，分工功能，這樣的「小我」永遠無法對「大我」做全面的觀察，更無法得知「大我」的過去、現在及未來，但絕不會破壞影響它們團結協調，成為「生命共同體」的凝聚力。為了實踐整體生長的目標，每一個細胞必須全力運作，自死方休，或顧全大局，自我了斷，再由新成員接力完成任務。「生者必滅」，人的多細胞軀體有生有滅，但集合無數個體的人類卻能代代相傳，生生不息。

數千年來，人類已逐漸演化成「同宿同棲」、「共生共滅」的「絕對」社會動物。人透過承擔群體的責任建立社會關係，也受惠於集體的力量得到個人生存、發展與成就的空間。一個人的能力與權力都無法獨立運作，而是深嵌在組織或社會系統之中，成就自己意味著被社會成就，控制他人也意味著被組織控制。而人類的多細胞大社會也隨之演化到更圓熟和諧

境界，不僅在生理層面，也在意識層面。人類的形體演進是在「物理」世界的完美交流中，追求效率；而意識演進目標是在「悟理」世界的完美和諧中，追求真理。印度經典《奧義書》（Upanishad）認為變動的世界具有超越一切的整體性。我們身體的每一個細胞都能抱持「共同體」的理想，理解與「大我」連結的意義，才能讓人類登上演化的最高峰。而個體的「人」也應該效法「細胞」，透過「無限」（infinite）的觀念，提升「靈性」（spirit）的層次，擴展「大愛」的實踐，成就「大我」的永續。

生命的一元與二元
·　·　·　·　·　·　·

　　人生從無言的開始，經過生、老、病、死的自然法則，走向無言的結局。在成長茁壯的過程中，開始學習與思考，產生了七情六欲，發展了自我意識。從無窮無盡，無邊無際的宇宙觀之，人生只是須臾，生死不過剎那，但宇宙也因具有自我意識的高等生命逐漸演化的過程，變得更有「自覺」。而產生意識的腦細胞是由宇宙基本粒子與原子等物質層次因緣和合而成的特殊結構，而意識是結構所產生的功能現象。意識具有物質性，是宇宙的一部分，而人藉著意識觀測使宇宙成為人類主觀的真實，而宇宙也藉著高等意識的觀測有了存在的意義。無怪乎，人本主義（Anthropic principle）的學者堅持，這個宇宙具有誕生

人類的目的。

　　若是宇宙真的有孕育高等意識的目的以認識宇宙，賦予意義，那麼這樣的意識狀態到底是「唯心」還是「唯物」？是「　元」還是「二元」？更顯得撲朔迷離，也是人類自有文明以來便爭論不休的謎題。「一元論」（Monism）包括唯心論（Idealism）及唯物論（Materialism）。前者認為心靈主司思考，包括身體在內的所有一切都被認為與機器及工具無異的「廣延實體」（res extensa），世界由心靈衍生；而後者主張腦是心智的主宰，意識完全仰賴腦的活動，是由不同的神經迴路建構的複雜網絡交互作用產生大量訊息的突現特質（emergent property）。而二元論（Dualism）的觀點，認為意識不是單純物質世界作用的延伸產物，宇宙是由物質世界與精神世界所共同組成，二個世界不相隸屬，但可互相影響，肯定靈魂是獨立存在的個體。「唯心論」的心靈世界無法說明涵括思想、意識、心理及精神的靈魂與實在界的可能性；「唯物論」

無法究明純粹的物理世界如何衍生心靈及意識；而
「二元論」無法解明身體與心靈之因果關係互動。

　　希臘哲學家柏拉圖（Plato）曾用「洞穴比喻」來
區分真實世界和現實世界，認為真實世界是「理念」
（idea），不但是具體事物的本質，也是一種永恆與絕
對；而現實世界只是人類透過感覺經驗形成的影子與
相對世界。柏拉圖的「唯心論」相信靈魂不是實體，
也不會因死亡而消逝，會回歸宇宙的存在，再轉世為
另一個生命，非常相似於佛教的「輪迴說」。而柏拉
圖的學生亞里斯多德（Aristotle）曾說過：「吾愛吾
師，吾更愛真理。」他的真理不是「理念世界」，而
是認為世界的本質是「實體」（substance）的「經驗世
界」，比較傾向「唯物論」。

　　近代哲學家黑格爾（Hegel）透過「辯證法」（dial-
ectic）看世界，其核心概念是認為宇宙本質與理念絕對
型式的「宇宙精神」是貫穿於世界的規律，也是一切
事物的起源。雖然「唯心論」大師的黑格爾言必稱上

帝，認為上帝是絕對精神，但也認為神不是獨立存在的實體，而是討論一套道德與心靈觀念的方式，常被批判為隱性的「無神論」者。而黑格爾的學生馬克思強烈反對老師的絕對精神體系，認為改變世界比解釋世界重要。馬克思於一八六七年發表了《資本論》，提出「歷史唯物論」（Historical materialism），將物質生產活動定位為形成社會、歷史的基礎，法律、政治等制度則建立在這個基礎上，催生出「共產主義」。共產主義是從假設「人的神性」出發，雖然反對宗教，但其本質也是一種宗教。

在唯心論與唯物論兩個極端難分難解的爭論中，允許物質和非實體事物同時存在的二元論自然就應運而生。但實體與非實體如何互動就成為理論的罩門，二元論也因此無法堅持單一立場而產生許多衍生型。在文藝復興的時代，笛卡兒（Descartes）以更科學的嚴謹態度來探討身心問題。其「實質二元論」認為心靈獨立於物理世界之外，無論大腦與身體皆屬於物理

世界，但無法說明非物理性的心靈如何「無中生有」來推動物理性大腦的功能，只能籠統的把腦中的「松果體」當作物體與心靈交流的地方。而後來發展出的「通俗二元論」則認同心靈實質的存在，可位於它可控制包括大腦的身體內部。在人往生和腦死後，心靈實質亦隨之消失，這樣的說法明確否定了「靈魂」和「輪迴」的存在。

「性質二元論」乾脆認定心靈實質即是大腦，但不同於「一元論」，主張大腦除了本有之物理性質外，另外具有非物理性的獨特性質，無法被化約於物理定律層面。「性質二元論」又發展出三種不同支流。「超現象性質二元論」認為意識經驗是由內省確立存在的超現象，其性質非物理性，不能被化約，但承認意識是大腦活動的副產品。「互動性質二元論」之觀點類同於「超現象性質二元論」，皆認為心理性質是由物理性的大腦所衍生出來的，唯一的不同是主張意識經驗的心理性質與大腦的物理性質具有互動的因果關

係。「基本性質二元論」則否定心理性質由大腦所衍生，而認定其根本就是客觀實質的「基礎物質」，就如同萬有引力一樣，具有物理性質的獨特地位。

到了十九世紀，達爾文的「演化論」拆解了「神創說」的教條。二十世紀「相對論」與「量子論」分別擘劃了巨觀與微觀的物理世界；「分子生物學」的發展破解了DNA雙螺旋結構，解開了遺傳及生命的奧祕。這些開天闢地，驚天動地的成果強化了科學化約主義與唯物論的觀點，放逐了神，也加速宗教的邊緣化。「我見故我信」的科學與「我信故我見」的宗教，有不同的邏輯思維與理論架構，衝突在所難免。相信「上帝已死」、「哲學已死」的唯物觀點成為科學主流，沒有信仰也成為一種信仰。其中之「化約性唯物論」比較單純，直接認為心理狀態等同大腦物理狀態，每一種心理狀態或過程都有相應的大腦神經網路之物理狀態或過程。而主張「功能論」（Functionalism）者，則認定比較廣泛的心理狀態不是只有大腦狀態，

也涵括內外環境因素透過感官及感知系統綜合的內在
狀態。

　　就如同政治家在廟堂之上，科學家在教室之中總
是高談「唯物一元論」的硬道理，但他們到了廟宇，
教堂也能迅速低調軟著陸於「心物二元論」，甚至
「唯心論」。其原因之一是宗教的教義與信仰的力量，
其二是內觀、靜坐、冥想、禪修、祈禱所形成之經驗
也難被認同只是大腦的幻想，物質世界的延伸。這種
行為的斷裂不代表精神分裂，而是相信有超越生死的
不朽靈魂更符合人們心靈深處的需求，療癒俗世的不
安，填補生命的空虛。西方「理性主義」（Rationalism）
的三位大師中，笛卡兒主張「實質二元論」，而史賓
諾沙（Spinoza）則倡議「實體一元論」，認為上帝不
創造宇宙，宇宙是上帝的一部分，「神即實體」包含
心靈與物理兩個面相。萊布尼茲（Leibniz）提出「單
子論」（Monadology），認為「單子」（monads）是萬物
的基源，是介於心與物之間的單純實體，包含了宇宙

全部的訊息，遊走於「唯心論」與「二元論」之間。在東方亦不乏這樣的爭論，「理學」的朱熹主張「二元論」，認為宇宙存在有普遍形式原理的「理」與物理性作用原理的「氣」。而王陽明則認同「一元論」，堅持理性為唯一世間原理，人類先天就具有格物致知的能力。

哲學家以邏輯推理來形塑論點，「唯心論」仍能天馬行空，揮灑自如，例如柏拉圖的「理念世界」，黑格爾的「宇宙精神」，懷海德（Whitehead）的「歷程哲學」（Process philosophy）。而科學以實驗證據來支持假說，「唯心論」就成為難以承受之重，膽敢提出很快就被批判為異端邪說。絕大多數的科學家都認為人類的意識是以主觀的存在，獨立於宇宙之外。但兩位從「科學」走向「哲學」，從「唯物」走向「唯心」特立獨行科學家，惠勒（Wheeler）與博姆（Bohm）則從實驗發現觀測者與被觀測者是一體的，雙方所產生的效應會「成對」的進入真實世界，世界

不是客觀的存在，而是由我們的經驗所創造。這種
「境」與「識」一體的，相成的理論，契合佛學的「唯
識思想」。惠勒從萬物是「粒子」，過渡到「場」，最
後定位為「訊息」（information），認為所有物理世界
都是源自非物質的「訊息」。而博姆則主張宇宙是一
個無法分割之「整體」（wholeness），由充塞於宇宙萬
物之間的「量子潛能」（quantum potential）所引導與
驅動。這種「科學唯心論」相應了《華嚴經》的宇宙
觀：「於此蓮華藏，世界海之內，一一微塵中，見一
切法界。」

　　佛教「天臺宗」的核心思想「一念三千」是指一
念之間涵融三千大千世界，也就是整個宇宙。而「唯
識宗」亦主張「萬法唯心」，「識有境無」，認為世界
一切都是虛妄不實，是由「識」所變現。「宇宙萬有」
是「所變」，而「識」是「能變」。「能變」又分為三
種，稱為「三能變」，包括「異熟」、「思量」與「了
別意識」。「異熟」是初能變，即是第八識的「阿賴

耶識」，又稱為「心」；「思量」是二能變，即是第七識的「末那識」，而「了別意識」是三能變，即眼、耳、鼻、舌、身、意的前六識。前七識是由阿賴耶識轉生的「轉識」，只有阿賴耶識是「本識」，謂是一切法之根本故，也稱為「宅識」或「藏識」，謂是種子之宅舍故。它儲藏所有雜染及清淨的諸法種子，這些種子能產生善業與惡業的異熟果報，但本身卻是不記善惡（無記），也是真實不虛（無覆）。阿賴耶識在生命中相應於基因（gene）的功能，但很難界定是基因的驅動者，還是物質的基因本身。

二〇〇三年，印順導師於靜思精舍寫下法句：「靜思十方諸佛，諦了一切唯心」，引起了一些疑惑。在大乘三系的判攝，「虛妄唯識」、「性空唯名」及「真常唯心」之中，導師一直比較推崇「性空唯名」，為何在晚年出現「唯心」之論呢？老和尚初看山是山，是看到「緣起」的假相，亦即「虛妄唯識」層面，等同天臺的「假諦」；見山不是山的階段是體認

「性空」的空相,亦即「性空唯名」層面,等同天臺的「空諦」;看山又是山的階段是徹悟「性空緣起」的實相,亦即「真常唯心」層面,等同天臺的「中諦」。「橫看成嶺側成峰,遠近高低各不同」,二千多年來「唯心」或「唯物」,「一元」或「二元」的世紀爭論只不過是角度、立場的不同,也是兩種對立的事態皆能合理的被解讀,被認同的「二律背反」(antinomy),沒有對錯的問題。「言語道斷,心行處滅」、「道可道,非常道;名可名,非常名」,「唯心」的道、佛性、理念、歷程、單子、訊息、量子潛能、宇宙精神、阿賴耶識就如「性空」的大海,而「唯物」的物質與生命都是大海所生起「緣起」的波浪,潮起潮落。這樣的緣生緣滅既是有生有滅,也是不生不滅。

生命的理性與感性

世界名著《理性與感性》（Sense and sensibility）描述一個極度理性的姐姐愛蓮娜（Eliner）與一個極度感性的妹妹瑪麗安（Marianne）的人生際遇與愛情故事。理性與感性長久以來被視為涇渭分明，對立分治的兩種特質。在本書第一輯的〈異軍突起：人類的演化與創化〉中，我們曾詳細描述了腦的結構與功能。位於腦的深宮大內的是職司基本生存功能的「腦幹」（brainstem），而稍往上往外推疊出的是裝置情緒，記憶與較本能行動與驅力功能的「邊緣系統」（limbic system），包覆在最上的是思維與行動的頭頂上司「新皮質」（neocortex）。而「前額葉皮質」（prefrontal cortex）約占整體皮質體積的30%，是人腦最進化的地

區，不但掌管理性的邏輯思辨，也與感性的情緒管控有關。

　　神經學家常以二分法將左腦籠統化約為屬於分析的、邏輯的、語言的、計算的、有時間順序的，而將右腦定位為屬於音樂的、藝術的、創造的、抽象的、空間與印象功能的。但事實上，左右大腦功能大同小異，且藉著聯結的神經纖維板塊「胼胝體」（corpus callosum）交流互動。太強調「邏輯理性的左腦」，「抽象感性的右腦」，就像政治主張上，將社會主義歸為「左派」，資本主義納為「右派」的二分法一樣，太過簡化，也不精確。情與理的衝突與調和，是人類最古老，而至今仍無法釐清的命題。人類的大腦是長期演化的產物，無論在結構與功能上，都潛藏著生物演化中的痕跡與記憶，其運作是一體的，不但左右連橫，也上下合縱，以順應內外環境的變化，並在教育與文化的指引下，調整欲望與情緒，決定行為模式。

　　邊緣系統既非獨控，也非憑空製造情感，而是與

負責思考的新皮質密切協調，並使身體對情感產生生理反應。情緒刺激於邊緣系統的杏仁核（amygdala）註冊，而意識情緒的產生方式有直接和間接兩種方式。直接途徑是由杏仁核通往皮質，而間接途徑是透過下視丘（hypothalamus）以驅動內分泌系統到身體去產生如血壓上升、心跳加速、肌肉收縮等生理反應。而這些生理反應會回饋到大腦頂葉感覺皮質，再轉訊到額葉皮質，將生理改變解讀為「情緒」。嚴格來說，情緒並非感覺，而是身體的連動協調運作以幫助生存的機制。

　　邊緣系統不但是心智與身體聯結，也是思想與情緒交會的要衝。而主宰情感的下層邊緣系統與掌控思想的上層大腦皮質建置有不對等的雙向公路。由下往上的神經通路與訊息流量皆遠大於由上往下的流通資訊。從神經科學的角度印證了人類受到潛意識之情緒影響，更勝於理性對情緒之調控，我們只是「摩登原始人」或「古早現代人」。心智運作交雜著兩個系

統，緩慢的邏輯思考系統卻建構在一個流量更大，傳訊更快，難以掌控的本能心智上，這也是人類欠缺長程遠見、慎謀能斷的規畫能力，而只是短視近利，隨波逐流的機會主義者。這一種情緒主導「當下」的力量，使我們身不由己的沉迷於眼前的欲望與誘惑而無法自拔，飛蛾撲火的身陷「房市泡沫」、「股市崩盤」的危機而難以翻身，不計後果的持續大量搜刮，大量消費的經濟模式，將自己的文明與生存逼臨萬劫不復的絕境。

　　而古今中外的歷史文化也無不在「理性原則」與「感性原則」之際衝突起伏，擺盪拉鋸。中國春秋戰國時代，群雄並起，社會動盪，形成了思想的百花齊放，百家爭鳴。「矛盾論者」，主張唯「法」的韓非；「統一論者」，主張「仁愛」的孔子；「平等論者」，主張「兼愛」的墨子都只是不同型式的理性主義。而「道法自然」，「無為而治」的老莊思想則是極端的感性主義。幾乎在同一時期，西方文化源頭的

希臘哲思中，蘇格拉底（Socrates），柏拉圖及亞里斯多德皆推崇理性以探討宇宙與人生的真相，並藉此指引現實生活。而「犬儒學派」（Cynicism）的安提西尼（Antisthenes）卻推動反社會，反世俗及反現實的三反思想，更反對一切權威，與「老莊學說」東西輝映。

在中國，秦朝勵行法治，以兵刑威服天下；漢朝表面獨尊儒術，但實際是表儒裡法，服膺的都是理性原則。魏晉南北朝是針對秦漢「集體主義」的反動，以道家三玄為尚，開啟了中國自由主義與虛無主義的先河。唐朝文化多元，佛道並重，但本質是英雄與文學的感性時代，服從的是生命原則。宋、元、明闡揚儒家的義理，從「修己」走向「治人」的官學之路。清朝外族統治，嚴行軍事統治的極權主義。「五四運動」及「文化大革命」皆盲目反對禮教，徹底摧毀固有文化，將中國從傳統相對的威權政治，蛻變為絕對的權威主義。

歐洲從西元二世紀到十五世紀，長期受到羅馬帝

國及天主教絕對權威的政教體制所宰制，逐漸喪失創新多元的活力，阻滯了開放自由的思維。「文化復興運動」是西方文明進化史最重要的轉折期，以回歸希臘人文主義為號召，將歐洲從一個政教封建社會進化為現代文明社會。透過十六世紀的「宗教改革」，十七世紀的「科學革命」，十八世紀的「啟蒙運動」，彰顯了理性的一切潛能，並勇敢應用於公共事務，催生了民主政治與公民社會，以笛卡兒、史賓諾沙與萊布尼茲為代表的「理性主義」（Rationalism）認為感覺與經驗並非知識來源，只有理性才能認清事物本質。而以培根（Bacon）、洛克（Locke）、柏克萊（Berkeley）與休謨（Hume）為主的「經驗主義」（Empiricism）則認為一切觀念皆由經驗形成，但人類感覺基礎形成的經驗，只是人類「自以為是」的世界。而調和兩造論爭的康德（Kant）陸續發表對「純粹理性」，「實踐理性」及「判斷力」的三大批判，同時也間接促成了哲學「本體論」、「認識論」及「倫理學」的「桃園三結

義」。

　而興起於十九世紀的「浪漫主義」（Romanticism）是針對啟蒙運動引起的反動思潮，主張以豐富的生命整體取代單調的理性分析與概念架構，並強調個人的獨特性及通過意志的自我創造力量。二十世紀初，「精神分析之父」佛洛伊德（Freud）不僅肯定情緒的重要性，更將理性自本能之中分離出來。其理論體系涵括了「無意識理論」、「夢的解析」、「性本能理論」以及「人格三結構理論」。現代神經學家也致力為人格三結構尋覓大腦解剖及功能定位。最底層的「本我」（id）是最原始且無異於其他動物的生存機制，植基於腦幹與邊緣系統。高一層的「自我」（ego）是能同時以意識與潛意識運作的理性，能壓制源自本能的衝動，座落在引發自我概念的「前額葉皮質背側」及負責感知外在世界的「體感覺皮質區」。而位於最頂層的「超我」（superego）是良心與罪惡感的所在，代表社會與文化型塑而成的道德機制，主要位於「前額葉

中央腹側區」。

　　由歷史軌跡觀之，無論是服從理性集體主義的時代，或者是重視感性個人主義的時代，都潛藏極大的反動危機。「理性」是嚴謹的辯證推理過程，用於驗證思考與主張的正確性，「感性」則是基於記憶、文化經驗的情感抉擇與價值判斷，兩者應該相互依存，交融協調，而非相互對立，各行其是。功利導向的「理性」，常是「貪婪」、「集權」及「征服」的美白劑；自我中心的「感性」常是「衝動」、「墮落」及「民粹」的催生劑。歷史上許多「大愛無疆」、「大捨無求」的宗教家及革命家，在「求道」及「求仁」的過程中九死一生、百折不回，看似缺乏理性，實則是「大感性」衍生的「大理性」。但只有每一個人都是「通情達理」的公民，才可能建立一個高度文明的理想社會。

生命的絕對與相對
· · · · · · ·

　　「牛頓力學」發現在無重力的情況下，任何物質的重量「絕對」是零，而重量會因場所的重力不同變得相對。在地球「身重如鐘」九十公斤的人，在月球會變得「身輕如燕」僅有十五公斤。而愛因斯坦的「廣義相對論」在究明時空與重力的關係，推翻了牛頓絕對時間和絕對空間的觀念。這樣的時空相對觀是建立在一個「絕對」的前提下，那就是光速絕對，且是宇宙的極速。從科學的觀點，宇宙是從渾然天成自然定律的「絕對」，推演出時間與空間，形成物質與生命的種種「相對」。生死是相對的，是建立在生者必滅，宇宙中沒有不死之生的絕對上。我們可以很英雄氣概，很視死如歸的說：「我來到這個世界，就沒有

打算要活著回去。」事實上，人一出生就「死定了」。

　　而宗教的觀點亦是從「絕對」演繹出「相對」。基督教認為人類的智慧只是相對的小智，上帝的思考才是絕對的全智。《聖經》說：「太初有道，道與上帝同在。」佛教的「二諦論」，亦認為「真諦」是由究竟，終極體驗而成，具有超時間性，絕對性的觀察事物的原理；而「俗諦」是人類從世俗經驗上形成，具有時間性，相對性，存有性的觀察事物的原理。而道家採陰陽理論的「太極生兩儀」，認為「太極」是絕對的道，是萬物源頭，不生不滅且無所不在，其中並沒有二元對立。而在俗世的「兩儀」上，僅就邏輯結構，很多現象都是成雙成對的，成對誕生（pair creation），也成對湮滅（pair annihilation），就如同生與死，善與惡，好與壞，分與合等。老子是中國最古典的「相對論大師」，主張禍福相倚，有無相生，難易相成，高下相傾的生剋相對論。

　　哲學家康德之「二律背反」（antinomy）指稱的

是既相互矛盾又無法相互駁斥的內容。在「相對」的
世界中，並沒有「絕對」的是非對錯基準，常因時、
地、人而有不同。商業之善，可能是環境之惡；欲望
之善，可能是健康之惡；醫療之善，可能是財政之
惡；宗教之善，可能是政治之惡；軍事之善，可能是
人性之惡；外交之善，可能是內政之惡；執政黨之
善，可能是反對黨之惡；資本主義之善，可能是共產
主義之惡；反之，也都可以成立。矛盾又無法滿足之
人類建構了衝突又難以理解的社會。開學很痛苦，放
假很無聊；上班很忙碌，退休很空虛；讀書時，想早
點出社會，出社會時，又想回去讀書；一個人時，渴
望愛情，二個人時，渴望自由；少年時裝成熟，成熟
時裝少年；沒錢像有錢一樣裝富，有錢像沒錢一樣裝
窮。而尼采也認為世俗的道德並非「絕對」的純粹與
神聖，其動機可能包括對權力的欲望，對名聲的執
念，對他人的輕視及對自己的救贖。

　　男與女是天設地造的「相對」。人類基因組

（human genome）存於二十三對各自獨立的染色體中。其中有一對是「性染色體」（sex chromosome），女性從父母雙方各取一個大型的X染色體（XX），而男性從母親得到一個X，從父親得到一個小型Y染色體（XY）。Y染色體僅帶有約四十至五十組記載蛋白質密碼的活化基因（active gene），許多更是「男性限定」。其中與決定性別有關，最重要的是「SRY基因」，可活化胚胎的「睪丸發育路徑」（testis determining pathway），引導胚胎製造睪固酮（testosterone），並導致胚胎雄性化。體型巨大的X染色體約有一千三百個基因，相對於男性只有單一X染色體，兩個X的女性擁有兩份基因拷貝。為避免任何謬誤，在發育之早期，女性的所有細胞會執行X染色體隨機的不活化。其結果是，男性所有細胞的X染色體皆源於母親，而女性約有一半細胞的X染色體是來自母親，另一半來自父親。從生物學的角度驗證了女性果真比男性複雜。

在大腦的結構與功能上，「男女大不同」主要差

異是男性位於下視丘的「INAH 3神經核」，比女性大二至五倍。這個神經核對於男性荷爾蒙特別敏感，負責典型男性化性狀。而連結左右大腦的神經纖維板塊胼胝體，女性通常大於男性，使女性能「左右共治」，交融感性創造的右腦與理性分析的左腦，在生活應對及評估情勢較能視界寬廣，面面俱到。而男性左右大腦分進不合擊，有利於專業化增進，外在的生存競爭，在數學、器械、工程上較具利基。兩性除生理功能及心理情感的差異外，對於基因傳承的生殖策略也有顯著不同。早期人類社會，男性負有保家衛國責任，生命在旦夕之間，到處「播種」以確保傳宗接代是其生殖策略。女性一生能生養孩子數目有限，而母性又身負養兒育女之責任，其生存與生殖策略是確保能得到最好保護並讓後代有最好的品質與機會，自然會盡力選擇有能力，能依靠之男性。這也是古代一夫多妻，男尊女卑之根本原因。

　　生物性別（sex）指的是先天的生理與性徵，而社

會性別（gender）指的是自我想像與文化賦予所形成的性別定義。而社會性別又區分為三個面相。在性別認同上，同性戀，雙性戀及變性手術已逐漸為社會所接受；在性別期待上，「男主外，女主內」的傳統性別角色也隨著女性走出家庭，走入職場而改變；在性別角色上，因為教育的普及，男女機會平等的提升，傳統的職場分工，職業分別已漸趨模糊。一些社會學家堅信，兩性間觀察到的差異是文化層次。性別的實質平等應建立在理解性別的「差異性」，認同性別的「平等性」，珍惜性別的「互補性」及尊重性別的「選擇性」上，「Without her, hero becomes zero (0)」。

夫與妻是世俗倫常的「相對」。現代婚配已很少憑父母之命，媒妁之言，崇尚自由戀愛。而男女平權更是普世價值，一夫一妻制中，夫妻理當更能公平分擔責任，共享資源。但不婚終身遺憾，結婚遺憾終身，相愛容易相處難。女人婚前做臉，婚後變臉；男人婚前多情，婚後無情；就像政客選前騙票，選後跳

票一樣稀鬆平常。現代社會初戀像輕音樂，熱戀像搖滾樂，結婚像交響樂，離婚像流行樂。「仁」在中國是最難理解，也是無所不包的倫理概念，拆開來即是「二人」。在二人的世界，透過相互的尊重、感恩、善解、包容才能求仁得仁。若過度堅持自「我」，目中無「人」，其結果不是怨憎會苦，從「無話不說」到「無話。不說」，像無期徒刑般的相互折磨，就是勞燕分飛，一拍兩散，導致家庭功能瓦解，隨之而來的是財產分配，兒女監護權紛爭，更會造成單親家庭暴增，青少年犯罪率提高等嚴重的社會問題。家庭是人間親情的搖籃，也是社會安定的基石。「No happy wife, no happy life」，life 與 wife 中間都是「if」，也都有許多變數。夫妻是「福氣」，不是「負氣」，在人生道上能相互扶持，共同成長，一起學習，彼此感恩才能善盡社會責任，圓滿人生。

　　君子與小人是修養區隔的「相對」。在人際關係及職場應對上，小人喻於利，很會察言觀色，吹牛拍

馬，比較討喜；君子喻於義，總是堅持原則，擇善固執，比較討厭。君子報仇，三年不晚；小人報仇，一天到晚；小人什麼都吃，但絕不肯吃虧，得罪小人如同陰魂不散。君子無愧天地，一旦被定位後就很難翻身；小人內咎神明，一旦被定調後也很難平反。民主法治與資本主義無論是防弊或興利，都是以君子之心度小人之腹，建立在普遍的「人性」基礎之上。小人與小人是利益之爭，君子與小人是原則之爭，君子與君子是理念之爭。君子不但要提防小人，更要提防自己內心深處，蠢蠢欲動的小人成分。

　　白道與黑道是社會分層的「相對」。在傳統重視學歷背景的華人世界中，「成龍成鳳」的白道是社會的雲端，「刺龍刺鳳」的黑道是社會的末流。但在政治解嚴，經濟開放，媒體掛帥的今日，黑道積極與政治、企業結盟成「黑金三角」，變身為民代，企業家，超完美「漂白」。而白道也常利用其專業權威的身分，從為政府把關的「門將」，華麗轉身成為黑金

護航的「門神」。高等的知識份子，不但可能是高傲的姿勢份子，也可能是高明的滋事份子，對國家社會的危害，更為強烈。從傳統的黑道圍事、白道喬事，到如今黑白不分、黑白無常、內神外鬼、上通下達，白道與黑道可以說是「天涯若比鄰」、「上下交征利」了。

　　「存在主義」大師齊克果把生命的存境分為三大類。最底層的是感性的境界，指的是落於感官追求與世俗情境的相對世界，也包括大部分的知識份子，藝術家甚至宗教信徒。中層的是倫理的境界，即是把個人投射到群己關係的普遍準則中，恪遵世間正義、倫常與法規是相對的依歸於絕對。最上層的是宗教的境界，由於宗教精神超越人世本質的相對性與制限性，是唯一絕對的存在。海德格也認為人生在世，只不過是虛無的「存有」，唯有透過意識的自覺去體認人生的意義，作出抉擇並採取行動，才是真正的「存在」。而佛法以「三法印」、「四聖諦」及「十二因緣

觀」來剖析人世間苦難的本質，並提出因應的解脫之
道，是根基於對眾生苦難的「無緣大慈」、「同體大
悲」。

生命的出路與癌路
· · · · · · · ·

　　「生命會找到出路」、「生命有無限的可能」，是
我們耳熟能詳且朗朗上口的話。人類因緣聚會攀登上
了地球生物演化的最頂峰，更不可思議的擁有在宇宙
舞臺探索與創化的能力。但弔詭的是在二十一世紀的
今天，我們面臨氣候變遷、環境破壞、物欲橫流、資
源耗竭、道德淪喪、人性泯滅、貧富不均、社會動
盪、恐怖攻擊及戰爭殺戮紛至沓來的嚴苛挑戰，前景
不容樂觀。人類的歷史始終在善與惡、愛與恨、義與
利之間拔河拉鋸。人類的基因潛藏有善根與惡根，人
與人之間也有善緣與惡緣，而善惡的交戰與走向將會
決定人類與地球未來的命運。

　　幾年前，我們還在嘲笑中國大陸的毒奶粉與黑

心食品。驀然回首,卻發現臺灣也是一個如假包換的
「毒島」。塑化劑、瘦肉精、毒澱粉、毒米、混油、餿
油、地下藥品、工業廢料汙染等,各種事件幾乎無日
無之。更有許多企業菁英涉入內線交易、官商勾結、
冒貸掏空的風暴而身陷囹圄或潛逃國外。有油水的地
方就容易滑倒,這是臺灣企業的「貪」。政客與媒體
善於掌控人類的大腦慣性,操縱政治的二元對立,
族群的矛盾情結以謀取個人及政黨的利益,但也造成
社會的不安,國家的動盪。有權力的地方就容易腐
化,這是臺灣政媒的「瞋」。青年人血氣方剛、心性
不定,是一個充滿陷阱的時期,常因無法控制欲望與
情緒,爭強鬥勝、鋌而走險、偷搶擄掠、作奸犯科,
一失足成千古恨,待回首已百年身。一連串的新聞事
件,謀財害命、隨機殺人、偷拍淫亂、聚眾殺警,都
令人怵目驚心,還不論許多情殺,霸凌,吸毒,打假
球事件。有誘惑的地方就容易沉淪,這是臺灣青年的
「癡」。

人類所面臨的可怕危機，無疑都是自己的貪、瞋、癡所造成。「貪」與「瞋」的源頭還是「癡」。由於迷惑、無知、執著、野心而產生愛欲、貪著、忿恨及嫉妒，而且無窮無盡，無休無止，不擇手段，不問是非的追求財富、名位、權勢、美色甚至歷史定位。無明是人生煩惱與痛苦的總根源，也是生命的「癡路」。《八大人覺經》說：「多欲為苦，生死疲勞，從貪欲起；少欲知足，身心自在。」世界上有許多「我執為有」的人，不瞭解無常是事物存在的唯一型式，成功與生命都不是永恆的，名利、權勢、聲望、健康都如過眼雲煙，不但隨時可以離開我們，我們也隨時可以離開它們。「錢在銀行，人在天堂」還不是人生最大的遺憾，「錢在銀行，人在地獄」才是人生最大的遺恨。

　　人腦中有七種神經傳導物質（neurotransmitter）被證實與認知功能有關，包括乙醯膽鹼（acetylcholine），多巴胺（dopamine），血清素（serotonin），新腎上腺

素（norepinephrine），腦內腓（endorphins），伽馬胺基丁酸（GABA）及麩胺酸（glutamate）。不同種類的神經細胞會分泌不同的神經傳導物質來運送不同的情緒感覺，控制精神、生理、記憶與學習。基因與環境對於這種流動於心智的河流都有舉足輕重的影響。而欲望與成癮最攸關重大的是「報償迴路」（又稱快樂迴路）。基本上無論是讓人類存活及延續的「食色性也」，或者讓人成癮的事物如酒精、尼古丁、咖啡因、電玩、網路、賭博、購物甚至高風險的生活追求都能提高報償迴路伏隔核（nucleus accumbens）的多巴胺濃度，並能傳達至前額葉皮質區，強迫海馬迴記憶形成。而毒品更會造成多巴胺濃度一飛沖天，而且會改變受體（receptors），使它們變成越來越不敏感，而造成積重難返的耐藥性（tolerance）與成癮性（addiction），不但會造成身體的殘害，也會造成家庭的破碎，治安的惡化與愛滋的蔓延。意志薄弱，內心空虛的人往往無法抗拒誘惑而加速沉淪。

欲望與恐懼是人類之所以能夠生存的原罪，而所有的努力常是為了取得生存的優勢與身家的利益。但無法填滿的欲望與需求，會導致貪婪與無明，無法管控的恐懼與焦慮會形成顛倒與妄想。自我意識具有自衛本能，也有政客本質，我們常無所不用其極的在增強自我，使自我陷入更複雜的生活型態。特別是華人世界是「率」「排」眾議的社會，電視爭收視率，報紙爭閱報率，商業爭占有率，政黨爭支持率，學校爭招生率；追求排名，重視排場，喜吃排翅，力行排他，爭相排隊。這樣變化太快，競爭太強，壓力太大，張力太高，充滿比較與計較的社會階層結構充斥著權力、金錢、觀念及語言的暴力，從根本上摧毀了信任，也背離人的心理規律。一個人為了心理生存，常不惜訴諸暴力，選擇退化，甚至殺死自己。一個既不能創造，又不能破壞，空虛軟弱的人最可能成為暴徒。雖然精神疾病與人格違常有其致病基因，但罹病率，犯罪率及自殺率的激增，顯然與社會環境與文化

因素有關，而扣下最後板機的無疑是情緒壓力。

　　荷蘭的學者布魯納（Brunner）發現一個暴力犯罪家族的每個成員都擁有一個錯誤的基因，而這個基因源自於母親的X染色體，任務是製造單胺氧化酶A（monoamine oxidase A，MAOA）的酶素。而MAOA的功能是分解如多巴胺、血清素、腎上腺素等神經傳導物質，而這些皆是讓腦神經細胞之間得以相互聯繫的重要因子，並且會影響我們的心情與人格。而進一步研究發現擁有低活躍性MAOA基因的人，若在生命的歷程遭受虐待或歧視，有超過80%的人會發展出反社會行為的人格；反之，即使帶有功能較差的MAOA基因，若成長在健全及正常環境，只有20%會出現反社會行為。導致反社會及暴力行為生成因素不一而足，兒童虐待或忽視，不穩定的家庭關係，不友善的職場社會，或是暴露在充斥暴力的環境下，都可能造成影響。

　　確切而真實的恐懼與模糊不定的焦慮在概念上有

所差異，但在大腦的對應地區都是主宰情緒記憶的杏仁核（amygdala）。杏仁核的內部結構包含中間的中央核（central nucleus）與外層的底側神經叢（basolateral complex）。外來的恐懼制約刺激先傳入大腦的視丘，再兵分二路，一路傳到聽覺——視覺皮質（audio-visual cortex）進行處理，一路則抄捷徑至杏仁核的底側神經叢儲存記憶，危險的訊號會從杏仁核下傳腦幹，引發焦慮反應。而最近之研究更證實杏仁核可發出另一條經由後天的正向學習塑造往皮質輸出的新的神經路徑，被動的恐懼可以被稱為主動因應策略（active coping strategy）的行動所取代。而動物實驗也確認中央核以及其中一組特定細胞扮演了調度杏仁核往腦幹或皮質結構輸出訊息。正向與正念可以協助我們減輕或脫離焦慮，讓心靈處在一個具有更高知覺，有利於我們面對問題的狀態。

　　古今中外都有數不清大規模的國家暴力，種族滅絕，集體屠殺及宗教迫害事件，也都呈現四海皆然

相同的行為特徵。在紐倫堡大審及東京大審後，研究德國納粹及日本軍國主義殺人不眨眼的戰犯，卻赫然發現他們都是愛國及愛家的好男人。神經外科醫師弗里德（Fried）認為這樣的「邪惡症候群」（Evil syndrome）特徵是情緒反應衰退，行為帶來過度激發（hyperarousal）的興奮及群體感染，並有差別性的對象區隔。在集體洗腦之下，強力影響施暴者下決策的是負責邏輯思考，記憶及推理的腦區，而負責情感、道德及同理心的相關區域如前額葉腹側皮質及前扣帶迴皮質形同短路。這種道德解離其實是「極端理性無上限」造成的「殘酷手段無底線」。道德教育與心靈洗滌在預防種族屠殺扮演關鍵角色，唯有推廣超越族群及宗教的大愛，才有望打斷集體洗腦的去人性化路徑，避免大規模的集體暴行。

　　無論是欲望、恐懼、焦慮、暴力與無明的解方，從神經心理及社會文化的觀點，其實都是教育。教育的本質在涵養生命能量、提升生命層次、發揮生命價

值、增進生命意義。每個人都必須反求諸己，瞭解企業的真諦是責任，民主的真諦是尊重，自由的真諦是自律。而單純的心念與簡樸的生活才是管控情緒、抒解壓力的良方，也才能祥和社會，減少災難。而慈濟的善行已遍及全世界近百個國家，這種「大愛無國界」的人文思想和「與地球共生息」的普世價值，更為族群融合、宗教尊重、世界公民的和諧社會提供了歷史的見證與學習的典範。

生命的老化與進化

　　八○年代，筆者在日本留學、行醫，正值日本
「如日中天」的時代，「日本第一」的書籍在世界熱賣
暢銷。表面上，當時的日本似乎是老人長壽幸福，少
年希望快樂的「老少咸宜」社會。但是長年育齡婦女
所生子女數都維持低於一點四的水平，已潛藏了高齡
化社會的危機。雖不像早期電影《楢山節考》一樣，
把老人送到山中「等死」，但是把老人送到養老院
「放生」，已是普遍現象。當時我常到老人院夜間值
班，滿是明治與大正時代的遺老，老人互相照顧，而
到臨終時也常等不到子女來探視。曾幾何時，不到二
十年間，當金融海嘯來襲，就業冰河乍臨，日本迅速
進入作家藤田孝典所描述「下流老人」與「貧困世代」

的「老少通殺」失落世代，難以超拔翻身。

　　近十年來，臺灣的生育率都不到一點二，是世界倒數第一和第二的國家。健保的實施與醫療的進步也使平均壽命不斷延長。臺灣已以快速的步伐進入少子化，老年化的「不生不滅」時代。二〇一七年，六十五歲老人人口首度超越十五歲以下幼年人口。二〇一八年將晉身為六十五歲以上老人占人口百分之十四的高齡社會，二〇二五年更向百分之二十的超高齡社會叩關。二〇一六年，全人口年齡中位數約為四十歲，四十年後則將逼近六十歲「花甲」大關。臺灣老化時鐘相較於世界各國來得既猛又急。雖然說少子化可以減輕地球負擔，老年化是文明社會的進步指標，但老少嚴重失衡絕對是社會災難，國安問題。日本人冷漠理性，不願麻煩別人，但臺灣人熱情感性，不怕麻煩別人，老年化對家庭的衝擊，臺灣恐怕更勝日本。

　　老化無所不在，地球的山河大地，宇宙的日月星辰都會變老。在時序上，一年有春夏秋冬，四時的韻

律與循環，讓我們能體會天地之美，造化之奇。在人生中，一生有生老病死，也讓我們能領悟諸行無常，諸法無我的奧義。「老化」是自然法則，也是生命原理。雖然關於老化機制，老化基因的研究仍處在非常「年輕」的階段，在包括營養、荷爾蒙、分子聯結、遺傳、粒腺體、自由基、損耗、細胞生物等汗牛充棟的假說與觀點之中，「程式說」及「磨損說」，最引人矚目。

「程式說」認為老化已然設定在DNA程式之中。端粒（telomere）由遺傳學家穆勒（Muller）所命名，是由所有染色體末端最後幾千個鹼基對所組成。每一個端粒都有一段不帶蛋白質密碼，被歸屬於「垃圾基因」（junk DNA）的特定鹼基重複序列TTAGGG的構造。在細胞分裂時，DNA的長度並未完全複製，端粒的部分會隨著每次分裂逐漸變短，短到極限時，染色體將因末端容易結合而無法增殖，最後會造成整個生物體老化，端粒的長短可視為細胞分裂壽命的沙漏。

「海弗立克極限理論」（Hayflick limit）也證實正常的體細胞在分裂四十至六十次後會失去分裂能力。但也有些細胞永遠不會變老，包括單細胞生物、生殖細胞及大部分的癌細胞；因為這些細胞擁有讓端粒修護重置的端粒酶（telomerase）。雖然癌細胞可以無盡分裂，但終究會與宿主玉石俱焚。

「磨損說」就如車子會受到歲月的磨損一樣，人受到紫外線氧化產生的自由基（free radical）及有毒化學物質的攻擊，隨著年齡增長，細胞內會傷痕累累。而細胞也會排出生命活動的各種廢棄物，造成細胞質中之胞器溶酶體（lysosome）貯積脂褐質（lipofucin），而妨礙細胞的生命功能與活動。生命的設計圖DNA如果受傷，細胞無法合成正常蛋白質，細胞間的訊息傳遞將無法正常運作；細胞膜如果受損，細胞間的物質交換也會受到障礙。雖然人體有自行修護的能力，但不可能達到100%，損傷積少成多，器官障礙，皮膚皺紋等老化現象將一一呈現。

李商隱對「老」的詠嘆：「向晚意不適，驅車登古原；夕陽無限好，只是近黃昏。」從少年憋不住氣的「朝陽」，青年憋不住話的「烈陽」，中年憋不住淚的「暖陽」到老年憋不住尿的「夕陽」，由於人世社會的變遷，身體心理的變化所產生的「不適應」、「不適症」，甚至「不適合」的悲懷，自古皆然。歲月催人老，以兵分三路的姿態兵臨城下。在「生理」上，關節僵化、骨頭脆化、肌肉軟化、血管硬化、器官退化、記憶鈍化、頭髮白化、眼睛老花，要不「無感」也很困難。在「病理」上，更嚴重的失智、妄想、慮病、憂鬱、中風、癌症、巴金森病、代謝症候群的罹病機率增高。在「心理」上，失去社會地位與經濟基礎，成為「過氣」的「過去」人物的疑慮，難以克服；子女家人相繼離去，老友老伴突然逝去，也會感到如風中之燭的孤立不安，陷入「空虛」的「空巢」心境，不能自拔。

　　相較於西方世界的溺幼輕老，東方儒家社會尊崇「孝道」（filial piety），講究「倫理」，重視老人智

慧與經驗傳承。然而，隨著社會急速變化，個人主義興起，少子化及老年化浪潮洶湧來襲，薪資與機會低迷，物價與房價飆升，老年人背負了占盡好處、霸占工作、惡化財政與榨乾資源的原罪，成為「工業化現代社會不可承受之重」，真的是情何以堪。現代青年人在已成為老人父母的呵護培育下，可以說是童年最幸福，也是受到最好教育的世代。但在高專業、高學習歷程的時代，青年在經濟上仰賴父母的時間更長，雙薪家庭的孩子也常託護給年邁的父母，還不論有許多繭居在家的「啃老族」，逼得父母必須鞠躬盡瘁，死而後已，許多老人提供的照護服務更勝於他們所能獲得的。無限上綱的妖魔化老人不但缺乏感恩心及同理心，仇老心態也如同不認同自己有一天也會變老的事實。臺灣已從「養兒防老」轉變為「養老防兒」的時代。政府推出長照2.0，在於增設小規模多機能服務中心，但經費及長照人才嚴重不足均是隱憂。國家應以減稅等誘因，鼓勵生育並參與自己父母的長照，以

真正落實「在地老化」政策。不但可圓滿長者最後心願，也可學習自己延緩老化，適應老化的最佳經驗。

現代已步入高齡的戰後嬰兒潮，面對的是經濟貧乏的時代，但卻是一個只要努力就有回報，只要奮鬥就有機會的年代。而現代大部分的年輕人面對的是貧富懸殊，僱用環境激烈變化的時代，成為一輩子無法脫離貧困的窮忙族（working poor）。生容易，活容易，生活不容易；支持年輕人就是支持未來。高齡化繼續上揚，國家將無法承擔日漸高漲的養老年金及普及化的社會福利，而必須致力發展經濟，給年輕世代更多的機會。老年人應體認世代傳承，世代共存的社會意義，支持合理的「年金改革」，避免名嘴與政客一再用貪婪老人的形象來挑撥世代紛爭，製造世代仇恨。老人記憶退化到「忘我」是無奈，修養進化到「忘我」則是無價。

人生如白駒過隙，歲月於青絲添銀。其實人類從出生時，就開始老化的進程，老化自始至終，自生

至死貫穿整個生命週期，並不侷限於人生最後階段。老化可以說是成長與圓熟的過程，而成長與圓熟本來就是人生的目的。老而不死是為「哲」，老而不修是為「賊」，現代人的人生規畫不宜再「炒短線」，要「細水長流」，有「長期抗戰」的準備，才稱得上是圓滿人生及善盡社會責任。規畫「心寬念純」，「少欲知足」，合宜健康，節能減碳的生活型態，也要培養「主動學習」，「終身學習」的能力，使自己老年生活能「自立自強」，勇於「承擔」，而不是「倚老賣老」，成為「負擔」。「無法理解就善解，無法轉變就轉念」，「做事可以不屈不撓，做人不可不屈不饒」，「世事如今已慣，此心到處悠然」，身、心、靈平衡健康，成為志工奉獻社會的老年生活，將是人生最圓熟，最寫意的好時節。「活得有尊嚴，老得有智慧」，毋寧是人生最大「福報」。當黃昏來臨，絢爛繽紛而不刺眼的晚霞是人生最美的光景，在黑暗降臨之前，我們已欣賞最美麗的霞光與夕照。

生命的起點與終點
· · · · · · ·

　　生命是最奇妙的自然現象，生生不息，新新生滅。在生命的週期中，生命是連續的；但生命的起跑點與終點線並不是那麼容易確定，從神經生物學、社會面向與宗教觀點都有不同解讀。通常我們總是把受精與死亡認為是每個生物體始終的兩個分界點。精子與卵子皆不具備獨立發育成個體的能力，一旦它們離開其生命的原鄉——睪丸與卵巢，很快的就難以存活，分則雙亡，合則共生。從父精母卵相遇成為「受精卵」的一剎那，就具足發育成為一個新個體或新世代的潛能。「一生無量」，在細胞不斷分裂、分化、增殖、成長的過程中，發展為獨立的個體。而細胞每分裂一次，就必須把整個生命密碼重新複製一次，再分配到兩個子細胞中，

這樣的「生命劇本」就是「遺傳資訊」。

　　現代的科學已逐漸掀開「遺傳」的神祕面紗，
「造化」的生命實相。生命的基本單位是細胞，成人是
約六十兆個細胞的聚合體。在每一個細胞的「深宮」
細胞核內，都貯藏著二十三對（四十六條），像繩索
般交纏的染色體，運載著合成蛋白質建構根身與主導
遺傳的「天機」。生物所有遺傳資訊透過腺嘌呤（A，
Adenine），胸腺嘧啶（T，Thymine），鳥糞嘌呤（G，
Guanine）及胞嘧啶（C，Cytosine）四個密碼，以A－
T，G－C兩相配對建構成雙螺旋結構的DNA。就如同
五線譜是音樂世界的共同語言，DNA是生物世界的共
同語言。若把一個細胞核內所孕藏三十億對鹼基，比
喻為一本三十萬字的「天書」，就需要有十萬本天書
才能容納。每一個細胞一分為二，就如同十萬本書要
重印一遍，難免會有缺頁、漏字、錯置、重覆等瑕疵
出現。細胞本身雖有校對、修護的能力，但難免「掛
萬漏一」，會出現一些「罕見」的錯誤，產生「罕

見」的遺憾。而這樣的錯誤在生命形成的過程中註定是不可避免的，罕見疾病兒童就落入這樣罕見的「概率」，替代所有人類來承受「不完美」的宿命。人世間沒有完美，缺憾就必須要用愛來添補。

　　人類具有全部能力的細胞只有精子與卵子這樣的生殖細胞，也唯有生殖細胞能透過生命傳承的過程得到「永生」。構成身體的體細胞則形壽有限；一旦成為體細胞的一員，死亡的程序也同時被排定。不同的體細胞有不同的功能，大小形狀有不同的變化，命運也大不相同。神經細胞與骨骼細胞在出生時已停止分裂，血球細胞與皮膚細胞一生都有分裂能力。而從停止分裂到細胞死亡時間亦大有不同，白血球只有十二小時，紅血球則有一百二十天，神經細胞竟可長達一百二十年。一個有固定序列的DNA很難解釋複雜的胚胎發育過程及快速適應環境的變化。透過近代表觀基因（epigenetics）及基因表現的研究，才慢慢解明基因是由一些DNA序列片斷及其合作的蛋白質及RNA組合形成的功能單位。

這樣的新觀念改變了一個基因（genotype）產生一個生物現象（phenotype），以及生物表徵都是透過不可逆的基因突變（mutation）產生的傳統思維。

　　如果說DNA是基因的身體本尊，而夥伴的蛋白質與RNA就是基因的外衣。表觀基因體的重點是不改變基因本身，而以改變基因的外衣，來改變基因的表觀。經由多重排列組合把有限的資訊放大非常多倍以隨機產生千變萬化的效果。而表觀基因的修飾有不同的化妝術，第一類是比較穩定而耐久的DNA甲基化（DNA methylation），第二類是在和DNA結合的組蛋白上作修飾（histone acetylation），是比較快速及短暫的化妝術。另外，人類的二萬三千個基因大約只占基因體三十億對含氮鹼基的百分之三至五而已。基因以外的含氮鹼基被稱為「非編碼DNA」，已被證實可以合成「微型核糖核酸」（micro RNA），與基因調控有關。非編碼DNA可能隱藏人類演化的過程，而從製造出來的RNA可調解人類從受精卵到發育完全的整個過程。基因會因環境

及刺激而變化，也證實命不完全由「天」定。

　　禪師中峰民本說：「人生猶如幻中幻，塵世相逢誰是誰？父母未生誰是我？一息不來我是誰？」當我們還在母親的子宮之內，尚未俱足「我」的感覺與意識，而當離開母胎成為獨立的個體時，「我」與「存在」就進入意識層面，從此人就離開子宮的「天堂」，來到「人間」來歷練。人世中沒有不死之生，生與死，買一送一，我誕生，我存活，然後我死去。表面上，我的人生也是「我」存活的歷史，而人類的生命，追根究底，在每一個細胞之細胞核中的基因，都潛藏了生物演化過程的一切細節與記憶，構成身體所有的基本粒子、原子與元素都是宇宙創生後不久的產物。所以我們的生命不僅是從出生到往生的過程而已，而是根源於宇宙的歷史，地球的歷史，以各種「無生」的材料，因緣聚足建構的有機生命。而在「緣滅」之後，身體的結構會回到「無生」的物質，消散成為其他生命或無生命物質的基礎。對於暫時構

成「我」的無生物質而言，「我」的生死根本不具意義，往生後關聯性更是一拍兩散。對「生」的貪戀，對「死」的恐懼全是人類對「我」的執念。《涅槃無名論》說：「天地與我同根，萬物與我一體。」《圓覺經》也說：「一切眾生，於無生中，妄見生滅，是故就名輪轉生死。」

　　日出日沒，花開花謝，潮起潮落，緣生緣滅皆是自然現象。每個人都知道，也都相信自己會死，但都採取將死亡從自我意識隔離的「自我防衛」機制，不肯正向面對與如實思考。死的定義也隨著時代演進與需求，有了根本的改變。以往的人大多在家往生，以自然的呼吸心跳中止，瞳孔極度散大的「傳統死亡」定義告別人間。陪伴的家屬親友都能親身體驗死亡的過程，也能切身感受死亡其實近在眼前。而現代人通常是在醫院，以不可逆的深度昏迷與腦幹功能完全喪失的基礎被判定「腦死」，而當時可能已是多管齊下，無孔不入，呼吸心跳完全仰賴維生機器的「求死

不能」狀態。無論是傳統心死與現代腦死判定都是務實考量,把一個人當「個體」,而不是以身體全部細胞死亡為依據。當個體判定死亡時,不論是否仍有存活細胞,這個人就是已經死亡。

在我們更清楚死亡的實相時,也必須開始更嚴肅的思考現代維生醫技所衍生的倫理爭議,到底是在延長生命,還是在延長死亡?人類對生命能否有絕對的自主權?演化、基因、醫學與宇宙理論所建構的現代科技倫理對生命的觀點,更重視生命的品質與自主權,安樂死、尊嚴死等議題已不再是宗教的禁忌。現代的基督教對器官捐贈已有順應時代的教義說帖,認為智慧來自上帝,而科技來自智慧,耶穌基督的捨命即是無條件大愛的示現,因此認同在自由意識下,捐贈非致命的器官以供移植,但不認同藉此謀利的行為。現代人間佛教也以佛陀《無量義經》所開示之「頭目髓腦,悉施於人」為本,肯定器官捐贈是助人延長生命,並使自己部分生命得以延伸之自利利他的大

愛表現。

　　在證嚴上人的號召下，慈濟大學已有四萬名大體自願捐贈的登記者。由於大體老師來源充沛，也為了圓滿大體老師的悲願，除了學習人體構造傳統的「大體解剖學」外，慈大更將解剖從基礎醫學提升為學習急救與手術技能的臨床醫學訓練，每年舉辦七次「模擬手術」課程。海內外知名大學的醫學生與專科學會的醫師們也紛紛到慈大取經、學習。美國《華爾街日報》曾以首頁報導這樣世界唯一的創新教學，不但是最好的醫學科學教育，更是絕佳的人文生命教育。大體老師們生前「為法忘身」貢獻社會，往生後更「為法忘軀」，將身體最後的功能奉獻給醫學教育。「問世間情是何物，直至死生相許」，他們以「大愛」熾燃的生命已進入同學與醫師們永恆的生命共相之中，成為照亮醫學之路的明燈，傳承醫學知識與技能的薪火，「大捨」即是「大我」生命的完成。

　　死亡不僅是生命的終結，也是生命的完成，死

支配生，也成就生；對於倫理考量，世代傳承，生命品質及生態平衡都有絕對的重要性與必要性。「千古艱難唯一死」，雖然一些人有瀕死經驗，但也沒有現在活的人真正的死去過，對於死後的世界難免充滿恐懼。無怪乎欲知「後事」如何，請看下回「分解」的書，如《前生今世》、《西藏生死書》都引起重大迴響。日本闡述「武士道」的著作《葉隱》也說：「武士道者，看透生死之事也。」「輪迴」是佛教的根本教義，但其實早在婆羅門教與《奧義書》時代已是印度之普遍思想。古希臘時代之柏拉圖對話錄，《荷馬史詩》也皆有輪迴的描寫。雖然現代科學仍無法「證明」，也無法「否定」輪迴的存在，只能存而不論。但筆者覺得寧可信其「有」，因為「nothing to lose」，對於人心安定、社會祥和有其正面價值。

每一個人從出生到死亡的過程都是宇宙時空中一場不可思議緣生與緣滅的邂逅，也刻畫出一條獨一無二結構與解構的軌跡。沒有生命，就沒有生命自體所

察覺映照的世界與宇宙。《尚書》云：「惟天地，萬物之母；惟人，萬物之靈。」佛陀也說：「天上天下，唯我獨尊。」對人類這種「智慧生命」而言，生命應不只是存活，生活，更重要的是不斷探索生命的意義與人生的價值。一般人對於生命的體現，通常只是一時一地，一念一境的感受，承受或享受，沒有深刻的省思與證悟，這樣的人生就如同是支離破碎的拼圖，莫名所以，也莫知所終，生的時候好像永遠不會死，死的時候又彷彿不曾活。從出生時的孑然一身，無牽無掛，到往生時的獨行千山，無來無去，如何有意義的完成一生，使世間曾因我的存在變得更加美好，我也因曾存在世間而境界更上提升，是人生最大的課題。人一出生，以哭來昭告天下，一鳴而天下白；往生時，以笑來告別人間，從今爾後，庶幾無憾。「三生有幸」就是能尊重生命，莊嚴生活及超越生死，也唯有這樣的人生，才能到了終點時，體認到「雲淡風清，花好月圓」的生命意境。

【參考書目】

1・王本榮著，《一生無量》。印刻出版（2009）

2・葉欣誠著，《抗暖化關鍵報告》。新自然主義（2010）

3・Christopher Potter 著，《You are here》（一本就通：宇宙史），蔡承志譯。聯經出版（2011）

4・柳中明專文導讀，《變遷中的環境》。科學人雜誌（2011）

5・志村忠與志著，《圖解環境百科》，林昆樺譯。東販出版（2011）

6・茂木健一郎著，《生死腦》，呂美女譯。天下雜誌（2011）

7・Stephen Hawking 著，《The illustrated a brief history of time》（圖解時間簡史），郭兆林，周念縈譯。大塊文化（2012）

8・石勇著，《世界如此險惡，你內心要強大》。天下文化（2012）

9・吳介民著，《第三種中國想像》。左岸文化（2012）

10・Teffrey D. Sachs 著，《The price of civilization》（文明的代價），廖月娟譯。天下文化（2013）

11・曹銘宗著，《臺灣史新聞》。貓頭鷹出版（2013）

12・范疇著，《臺灣會不會死？》。八旗文化及遠足文化（2013）

13・Shelley Rigger 著，《Why Taiwan matters：small island，

global powerhouse》（臺灣為什麼重要？），姚睿譯。貓頭
鷹文化（2013）

14・Yuval Noah Harari 著，《Sapiens》（人類大歷史），林俊宏
譯。天下文化（2014）

15・王本榮著，《相對不相對》。經典雜誌（2014）

16・Giovanni Frazzetto 著，《How we feel》（其實大腦不懂你的
心），陳肇賢，劉子菱譯。商周出版（2014）

17・Diane Ackerman 著，《The human age》（人類時代），莊
安祺譯。時報文化（2015）

18・Tim Marshall 著，《Prisoners of geography》（用十張地圖
看全球政經情勢），陳琇玲，朱詩迪，威治譯。商周出版
（2015）

19・許景泰著，《你，就是媒體》。三采文化（2015）

20・ 黃驗，黃裕元著，《臺灣歷史地圖》。國立臺灣歷史博物館
及遠流出版（2015）

21・張明明著，《歡樂哲學課》。天下文化（2015）

22・Robindranath Tagore 著，《The religion of man》（人的宗
教），曾育慧譯。商周出版（2016）

23・ Nessa Carney 著，《The epigenetic revolution》（表觀遺傳

大革命），黎湛平譯。貓頭鷹出版（2016）

24・洪裕宏著，《誰是我？意識的哲學與科學》。時報文化
（2016）

25・Jim Al-Khalili, Johnjoe McFadden 著，《Life on the edge》
（解開生命之謎），王志宏，吳育慧，吳育碩譯。三采文化
（2016）

26・David Engleman 著，《The brain》（大腦解密手冊），徐仕
美譯。天下文化（2016）

27・ Anne Rooney 著，《The story of philosophy》（大人的哲學
課），李建興譯。聯經出版（2016）

28・Anne Karpf 著，《How to age》（關於變老這件事），王方
譯。時報出版（2016）

29・林洸耀著，《把脈中國，對習近平的第一手觀察》。天下文
化（2016）

30・藤田孝典著，《貧困時代》，賴芯葳譯。高寶書版（2016）

31・Alec Ross 著，《The industries of the future》（未來產業），
齊若蘭譯。天下文化（2016）

32・Yuval Noah Harari 著，《Homo Deus》（人類大命運），林
俊宏譯。天下文化（2017）

33‧Michael Fossel 著,《The telomerase revolution》(端粒酶
革命),筆鹿工作室譯。世茂出版(2017)

34‧Neil Degrasse Tyson 著,《Astrophysis for people and a
hurry》(宇宙必修課),蘇漢宗譯。天下文化(2017)

35‧Jorge Cham, Daniel whiteson 著,《We have no idea: A
Guide to the unknown universe》(這個世界難捉摸),徐十
傑、葉上倫譯。天下文化(2017)

36‧Deepak Chopra, Menas Kafatos 著,《You are the
universe: Discovering your cosmic self and why it matters》
(意識宇宙簡史),蕭斐譯。橡實文化(2018)

37‧Tom Jackson 著,《The periodic table: A visual guide to
the elements》(圖解化學元素週期表),徐立妍、羅亞琪
譯。遠流出版(2018)

38‧多田將著《基本粒子物理超入門》,陳聯疆譯。東販出版
(2018)

國家圖書館出版品預行編目資料

上窮碧落下凡塵 / 王本榮著. -- 三版. -- 臺北市：經典雜誌，
慈濟傳播人文志業基金會，2019.07
288 面；21*15 公分
ISBN 978-986-97169-7-0（平裝）

1. 言論集

078   108009643

上窮碧落下凡塵 增修版

作　　者／王本榮
發 行 人／王端正
總 編 輯／王志宏
叢書主編／蔡文村
叢書編輯／何祺婷
美術指導／邱宇陞
美術編輯／黃昭寧
內頁排版／極翔企業有限公司
出 版 者／經典雜誌
　　　　　財團法人慈濟傳播人文志業基金會
地　　址／台北市北投區立德路二號
電　　話／02-2898-9991
劃撥帳號／19924552
戶　　名／經典雜誌
製版印刷／禹利電子分色有限公司
經 銷 商／聯合發行股份有限公司
地　　址／新北市新店區寶橋路 235 巷 6 弄 6 號 2 樓
電　　話／02-2917-8022
出版日期／2017 年 08 月初版
　　　　　2019 年 07 月三版（增修版）
定　　價／新台幣 340 元